编委会

丛书主编　**董一菲**

执行主编　**张金波**

本册编写　**郑宏瑞**

编委（排名不分先后）

张金波	张 茵	刘士友	刘 婧
张艳霄	王遵丽	张肖侠	王林琳
刘雨霞	李 超	刘洪涛	黄 姝
王青生	张显辉	车 坤	郑宏瑞
龙 潇	高大勇	蒙丽丽	公维桂
余卫华	谭付波	郭天明	孙玉桃
	林 喆	徐玉峰	

　　诗意语文工作室由全国中语十大学术领军人物、特级教师董一菲老师领衔。目前已广纳全国23个省、4个直辖市、3个自治区402位优秀语文教师。诗意语文追求汉语的诗意、思维的诗意、审美的诗意、文化的诗意、理性的诗意，唤醒生命中的诗意，培养师生语文核心素养。

新课标必读名著
名师备考丛书

名人传
精解速读

[法]罗曼·罗兰◎著　郑宏瑞◎导读
董一菲◎主编　张金波◎执行主编

中国国际广播出版社

目 录

作 品 导 读

英雄的气息

在风雨如晦、大浪淘沙的岁月，大多数人蜷缩在历史的风尘中，默默地来，卑微地去。他们自甘平庸、他们畏缩逃避，他们自堕囚笼，为得一夕安逸。但岁月并不因此予人静好，历史也不为此稍加停驻。

光阴流转，转不走崇高；时间消逝，逝不去伟大。千古江山，万千人类，自有其伟岸卓然。

音乐家贝多芬，他的一生，是痛苦坎坷中永不止息的抗争。家庭的不堪、身体的缺残，是命运给予的羁绊，他那不屈服的灵魂，将此转化为灿烂铿锵的乐曲，从此扼住命运的咽喉，将高傲的头颅扬起。

"文艺复兴三杰"之一的米开朗琪罗，艺术的天分让他无法抑制自己的光芒，但他人的嫉妒与教皇们贪婪的人性之恶，却让他不得不无奈地四处奔波。身体无处安放，但理想必须有自己的底座，对自我最大的忠诚就是对艺术追求的执着。

"最清醒的现实主义"的"天才艺术家"列夫·尼古拉耶维奇·托尔斯泰，幼时丧母，少时失父，因丑陋的相貌绝望，对污浊的上流社会感到厌烦，却在青山绿水与硝烟弥漫的战场的洗礼中，借助文字，找到了心灵的皈依。关注万千生灵，传播爱与宽容。

《名人传》是一面明镜，这里，有真实的人性，鲜活的生命。他们在长期忍受苦难的历程中，以不凡的人生，呈现出了与命运抗争的崇高勇气和担荷全人类苦难的伟大情怀。他们昂首挺胸，走过命运的沼泽，走向生命的天堂。

本书的作者罗曼·罗兰（Romain Rolland，1866—1944），是 20 世纪上半叶法国著名的人道主义作家。他一生为争取人类自由、民主与光明进行不屈的斗争，他的小说特点被人们归纳为"用音乐写小说"，《约翰·克里斯朵夫》奠定了他在世界文学史上的地位。1915 年，为了表彰"他在文学作品中的高尚理想和他在描绘不同类型人物所具有的同情及对真理的热爱"，他被授予诺贝尔文学奖。

20 世纪初，在物欲横流、暴力强权最具有话语权的时代，高贵的精神已然不在，以痛苦为人类献祭的榜样不在，人们的信仰出现了空白。在罗曼·罗兰看来，真正的英雄、真正的伟大是痛苦和孤独，是自我同无形物的抗争。因而，他把社会变革与进步的希望寄托在"英雄"人物的身上，他要为他心中理想的精神巨子立传，以感人肺腑的笔墨，写出他们与命运抗争的崇高勇气和担荷全人类苦难的伟大情怀，让人们"呼吸到英雄的气息"，越过人生的无数个痛苦险峰，达到对人生最清醒的领悟。现代的英雄史诗《名人传》让每一个接触到它的人，都体验到书中那种迫人的激情，那种对于生命的丰满和崇高的追求，可以说是为我们谱写了另一阕"英雄交响曲"。

主要人物

身份： 德国作曲家和音乐家，维也纳古典乐派代表
人物之一，被尊称为"乐圣"

性格： 温和又狂热，坚忍不拔，默默承受着苦难，
而内心充满着尖锐的矛盾

履历： 路德维希·凡·贝多芬（Ludwig van Beeth-
oven，1770—1827），这是一位走在英雄前列
的人，坚强而纯粹。他用艺术去造福穷人、
造福全世界。生活的重担让这个酷爱艺术的
人内心凄凉，各种病魔总是折磨着他。他对
这个世界、对爱依然充满热情，执着地讴歌
欢唱，无怨地奉献出自己的一生。

身份： 意大利文艺复兴时期伟大的绘画家、雕塑家、建筑师和诗人，文艺复兴时期雕塑巅峰的代表

性格： 慈祥、博爱、善良、机智、聪明、多疑、懦弱

履历： 米开朗琪罗·迪·洛多维科（Michelangelo di Lodovico，1475—1564），雕塑家、建筑师、画家和诗人。他与列奥纳多·达·芬奇和拉斐尔并称"文艺复兴三杰"。脾气暴躁，不合群，一生追求艺术的完美，坚持自己的艺术思路。他的风格影响了几乎三个世纪的艺术家。小行星3001以他的名字命名。他的一生就在不息的艺术冲动与创造中度过，伴随着无数的失败，无数的成功，他走完了自己充满坎坷的一生。

托尔斯泰

身份： 俄国作家、思想家，19 世纪末 20 世纪初最
伟大的文学家，19 世纪俄国伟大的批判现
实主义作家，是世界文学史上最杰出的作家
之一，他被称颂为"最清醒的现实主义"的
"天才艺术家"

性格： 博爱、敏锐、自我完善，具有虔诚的宗教观
点，不肯安享富贵，不肯虚度年华

履历： 列夫·尼古拉耶维奇·托尔斯泰（Лев
Николаевич Толстой，1828—1910），他具
有一种内在的强大生命力，在任何逆境中都
不放弃奋斗，他饱经忧患，历尽艰辛，却始
终牢牢把握着自己的命运，以顽强的意志力
去战胜一切困难。托尔斯泰以犀利的目光、
丰富的情感、巨大的力量与全体俄国人民同
呼吸。

必考重点

贝多芬传

一 童年时代

◈ 章节导读 ◈

　　本节讲述了贝多芬不幸的童年。父亲的粗暴教育，丧母后又要苦涩地承担起家庭责任，这些无论对谁来说都是无法承受之痛，但他却接受了现实，承受了上天给予他的痛苦命运。面对苦难，他永不言败，向世人展示出他的坚毅与顽强，依旧讴歌欢唱。

◈ 必考段落 ◈

　　他矮小臃肿，外表结实，生就运动家般的骨骼。一张土红色的宽大的脸，到晚年皮肤才变得病态而黄黄的，尤其是冬天，当他关在室内远离田野的时候。额角隆起，宽大无比。乌黑的头发，异乎寻常的浓密，好似梳子从未在上面光临过，到处逆立，赛似"梅杜萨头上的乱蛇"。*以上据英国游历家罗素一八二二年时记载。*——*一八〇一年，车尔尼尚在幼年，看到贝多芬蓄着长发和多日不剃的胡子，穿着羊皮衣裤，以为遇到了小说中的鲁滨逊。★梅杜萨系神话中三女妖之一，以生有美发著名。后因得罪火神，美发尽变毒蛇。车尔尼（1791—1857）为奥国有名的钢琴家，为肖邦至友，其钢琴演奏当时与肖邦齐名。*眼中燃烧着一股奇异的威力，使所有见到他的人为之震慑；但大多数人不能分辨它们微妙的区别。因为在褐色而悲壮的脸上，这双眼睛射出一道犷野的光，所以大家总以为是黑的，其实却是灰蓝的。*据画家克勒贝尔记载。他曾于一八一八年为贝多芬画像。*平时又细小又深陷，兴奋或愤怒的时候才大张起来，在眼眶中旋转，那才奇妙地反映出它们真正的思想。*据医生米勒一八二〇年记载：他的富于表情的眼睛，时而妩媚温柔，时而惘然，时而气焰逼人，可怕非常。*他往往用忧郁的目光向天凝视。宽大的鼻子又短又方，竟是狮子的相貌。一张细腻的嘴巴，但下唇常有比上唇前突的倾向。牙床结实得厉害，似乎可以磕破核桃。

本书正文内变体皆为注解，注解前加★号的为译注，其他均为原注。

左边的下巴有一个深陷的小窝，使他的脸显得古怪地不对称。据莫舍勒斯说："他的微笑是很美的，谈话之间往往有一副可爱而令人高兴的神气。但另一方面，他的笑却是不愉快的，粗野的，难看的，并且为时很短，"——那是一个不惯于欢乐的人的笑。他通常的表情是忧郁的，显示出"一种无可疗治的哀伤"。

一八二五年，雷斯塔伯说看见"他温柔的眼睛及其剧烈的痛苦"时，他需要竭尽全力才能止住眼泪。一年以后，布劳恩·冯·布劳恩塔尔在一家酒店里遇见他，坐在一隅抽着一支长烟斗，闭着眼睛，那是他临死之前与日俱增的习惯。一个朋友向他说话。他悲哀地微笑，从袋里掏出一本小小的谈话手册；然后用着聋子惯有的尖锐的声音，教人家把要说的话写下来。——他的脸色时常变化，或是在钢琴边上被人无意中撞见的时候，或是突然有所感应的时候，有时甚至在街上，使路人大为出惊。"脸上的肌肉突然隆起，血管膨胀；犷野的眼睛变得加倍可怕；嘴巴发抖；仿佛一个魔术家召来了妖魔而反被妖魔制服一般"，那是莎士比亚式的面目。

考点提炼

1. "矮小臃肿，外表结实，生就运动家般的骨骼。一张土红色的宽大的脸……额角隆起，宽大无比……眼中燃烧着一股奇异的威力，使所有见到他的人为之震慑"是对_____的外貌描写。

答案：贝多芬

2.《名人传》叙述了法国音乐家贝多芬、意大利画家和雕塑家米开朗琪罗、俄国作家列夫·托尔斯泰三位名人的苦难和坎坷的一生，赞美了他们的崇高品格和顽强奋斗的精神。这句话对吗？

答案：错。贝多芬是德国人。

3. 本段刻画贝多芬的形象主要运用了哪些描写手法，表现出贝多芬什么特点？

答案：肖像描写，再现贝多芬非凡的个性自我。表现出他坚强的意志、孤傲的性格。

细节描写，充分表现贝多芬对音乐的狂热激动，暗示出其命运的悲剧感。

必考段落

路德维希·凡·贝多芬，一七七〇年十二月十六日生于科隆附近的波恩，一所破旧屋子的阁楼上。他的出身是佛兰芒族。他的祖父名叫路德维希，是家族里最优秀的人物，生在安特卫普，直到二十岁时才住到波恩来，做当地大公的乐长。贝多芬的性格和他最像，我们必须记住这个祖父的出身，才能懂得贝多芬奔放独立的天性，以及别的不全是德国人的特点。★今法国与比利时交界之一部及比利时西部之地域，古称佛兰德。佛兰芒即居于此地域内之人种名。安特卫普为今比利时北部之一大城名。父亲是一个不聪明而酗酒的男高音歌手。母亲是女仆，一个厨子的女儿，初嫁男仆，夫死再嫁贝多芬的父亲。

艰苦的童年，不像莫扎特般享受过家庭的温情。一开始，人生于他就显得是一场悲惨而残暴的斗争。父亲想开拓他的音乐天分，把他当作神童一般炫耀。四岁时，他就被整天地钉在洋琴前面，或和一架提琴一起关在家里，几乎被繁重的工作压死。★洋琴为钢琴以前的键盘乐器，形式及组织大致与钢琴同。他的不致永远厌恶这艺术总算是万幸的了。父亲不得不用暴力来迫使贝多芬学习。他少年时代就得操心经济问题，打算如何挣取每日的面包，那是来得过早的重任。十一岁，他加入戏院乐队；十三岁，他当大风琴手。一七八七年，他丧失了他热爱的母亲。"她对我那么仁慈，那么值得爱戴，我的最好的朋友！噢！当我能叫出母亲这甜蜜的名字而她能听见的时候，谁又比我更幸福？”以上见一七八九年九月十五日贝多芬致奥格斯堡地方的沙德医生书信。她是肺病死的，贝多芬自以为也染着同样的病症，他已常常感到痛楚，再加比病魔更残酷的忧郁。他一八一六年时说：“知道死的人真是一个可怜虫！我十五岁就已经知道了。”十七岁，他做了一家之主，负着两个兄弟的教育之责；他不得不羞惭地要求父亲退休，因为他酗酒，不能主持门户：人家恐怕他浪费，把养老俸交给儿子收领。这些可悲的事实在他心上留下了深刻的创痕。他在波恩的一个家庭里找到了一个亲切的依傍，便是他终身珍视的布罗伊宁一家。可爱的埃莱奥诺雷·特·布罗伊宁比他小两岁。他教她音乐，领她走上诗歌的路。她是他的童年伴侣，也许他们之间曾有相当温柔的情绪。后来埃莱奥诺雷嫁了韦格勒医生，他也成为贝多芬的知己之一；直到最后，他们之间一直保持着恬静的友谊，那是从韦格勒、埃莱奥诺雷和贝多芬彼此的书信中可以看到的。当三个人到了老年的时候，情爱格外动人，而心灵的年轻却又不减当年。他们的书信，读者可参看本书《书信集》。他的老师 G.G. 内夫（G.G. Neefe, 1748—1798）也是他最好的朋友和导师，他的道德的高尚和艺术胸襟的宽广，都对贝多芬留下极其重要的影响。

贝多芬的童年尽管如是悲惨，他对这个时代和消磨这时代的地方，永远保持着一种温柔而凄凉的回忆。不得不离开波恩，几乎终身都住在轻佻的都城维也纳及其惨淡的近郊，他却从没忘记莱茵河畔的故乡，壮严的父性的大河，像他所称的"我们的父亲莱茵"；的确，它是那样的生动，几乎赋有人性似的，仿佛一颗巨大的灵魂，无数的思想与力量在其中流过；而且莱茵流域中也没有一个地方比细腻的波恩更美、更雄壮、更温柔的了，它的浓阴密布、鲜花满地的坂坡，受着河流的冲击与抚爱。在此，贝多芬消磨了他最初的二十年；在此，形成了他少年心中的梦境，——慵懒地拂着水面的草原上，雾氛笼罩着的白杨，丛密的矮树，细柳和果树，把根须浸在静寂而湍急的水流里，——还有村落，教堂，墓园，懒洋洋地睁着好奇的眼睛俯视两岸，——远远里，蓝色的七峰在天空画出严峻的侧影，上面矗立着废圮的古堡，显出一些瘦削而古怪的轮廓。他的心对于这个乡土是永久忠诚的，直到生命的终了，他老是想再见故园一面而不能如愿。"我的家乡，我出生的美丽的地方，在我眼前始终是那样的美，那样的明亮，和我离开它时毫无两样。"以上见一八〇一年六月二十九日致韦格勒书。

1. 贝多芬的出生地是_____。音乐天赋是他的_____发现的,当年贝多芬只有_____岁。

答案:波恩;父亲;四

2. 贝多芬_____岁加入戏院乐队,_____岁当大风琴手。

答案:十一;十三

3. 请赏析"一开始,人生于他就显得是一场悲惨而残暴的斗争"的写作手法及作用?

答案:本句运用比喻的修辞手法,表达了贝多芬从小时候命运就十分悲惨。同时,也为他的悲剧命运收场做了铺垫。

4. 请对下面的文字加以赏析。

他却从没忘记莱茵河畔的故乡,壮严的父性的大河,像他所称的"我们的父亲莱茵"。

答案:本句运用比喻的修辞手法,把莱茵河比作父亲,表现了莱茵河的美丽与深沉。同时,也表现出了贝多芬对祖国的无限热爱和眷恋。

二 青年洗礼

章节导读

　　贝多芬受大革命的熏陶，爱国热情高涨，他创作了《行军曲》和《我们是伟大的德意志》，但不幸的是，他听觉渐渐丧失，疾病带来的悲苦和对爱情的渴望，仿佛赋予了他创作的灵感，经典之作如一串串音符流淌而出。然而，他内心的痛苦与哀伤也隐隐体现，令人欣赏至此，黯然神伤。

三 痛苦的爱情

章节导读

　　爱情的力量是神圣而伟大的，他和特雷泽之间纯洁而光明的爱情给了他创作的新动力，给予他希望，然而美好却总要以遗憾来闭幕，他再次被别人伤得创痕累累，也许只有特雷泽才是真正理解贝多芬内心的人，但结局对贝多芬来说却是更大的伤痛和折磨。

必考段落

在这些肉体的痛苦之上，再加另外一种痛苦。韦格勒说他从没见过贝多芬不抱着一股剧烈的热情。这些爱情似乎永远是非常纯洁的。热情与欢娱之间毫无连带关系。现代的人们把这两者混为一谈，实在是他们全不知道何谓热情，也不知道热情之如何难得。贝多芬的心灵里多少有些清教徒气息，粗野的谈吐与思想，他是厌恶的：他对于爱情的神圣抱着毫无假借的观念。据说他不能原谅莫扎特，因为他不惜屈辱自己的天才去写《唐·璜》。★唐·璜为西洋传说中有名的登徒子，莫扎特曾采为歌剧的题材。他的密友申德勒确言"他一生保着童贞，从未有何缺德需要忏悔"。这样的一个人是生来受爱情的欺骗，做爱情的牺牲品的。他的确如此。他不断地钟情，如醉如狂般颠倒，他不断地梦想着幸福，然而立刻幻灭，随后是悲苦的煎熬。贝多芬最丰满的灵感，就当在这种时而热爱、时而骄傲地反抗的轮回中去探寻根源；直到相当的年龄，他的激昂的性格，才在凄恻的隐忍中趋于平静。

一八〇一年时，他热情的对象是朱丽埃塔·圭恰迪妮，为他题赠那著名的作品第二十七号之二的《月光奏鸣曲》（一八〇二），而知名于世的。★通俗音乐书上所述《月光奏鸣曲》的故事是毫无根据的。他写信给韦格勒说："现在我生活比较甜美，和人家来往也较多了些……这变化是一个亲爱的姑娘的魅力促成的；她爱我，我也爱她。这是两年来我初次遇到的幸运的日子。"以上见一八〇一年十一月十六日信。可是他为此付了很高的代价。第一，这段爱情使他格外感到自己的残疾，境况的艰难，使他无法娶他所爱的人。其次，圭恰迪妮是风骚的，稚气的，自私的，使贝多芬苦恼；一八〇三年十一月，她嫁了加伦贝格伯爵。随后她还利用贝多芬以前的情爱，要他帮助她的丈夫。贝多芬立刻答应了。他在一八二一年和申德勒会见时在谈话手册上写道："他是我的敌人，所以我更要尽力帮助他。"但他因之而更瞧不起她。"她到维也纳来找我，一边哭着，但是我瞧不起她。"——这样的热情是摧残心灵的；而像贝多芬那样，心灵已因疾病而变得虚弱的时候，狂乱的情绪更有把它完全毁灭的危险。他一生就只是这一次，似乎到了颠蹶的关头；他经历着一个绝望的苦闷时期，只消读他那时写给兄弟卡尔与约翰的遗嘱便可知道，遗嘱上注明"等我死后拆开"。时为一八〇二年十月六日。参见本书《贝多芬遗嘱》。这是惨痛之极的呼声，也是反抗的呼声。我们听着不由得不充满着怜悯，他差不多要结束他的生命了。就只靠着他坚强的道德情操才把他止住。他的遗嘱里有一段说："把德性教给你们的孩子，使人幸福的是德性而非金钱。这是我的经验之谈。在患难中支持我的是道德，使我不曾自杀的，除了艺术以外也是道德。"又一八一○年五月二日致韦格勒书中："假如我不知道一个人在能完成善的行为时就不该结束生命的话，我早已不在人世了，而且是由于我自己的处决。"他对病愈的最后的希望没有了。"连一向支持我的卓绝的勇气也消失了。噢，神！给我一天真正的欢乐罢，就是一天也好！我没有听到欢乐的深远的声音已经多久！什么时候，噢！我的上帝，什么时候我再能和它相遇？……永远不？——不？——不，这太残酷了！"

这是临终的哀诉，可是贝多芬还活了二十五年。他的强毅的天性不能遇到磨难就屈服。"我的体力和智力突飞猛进……我的青春，是的，我感到我的青春不过才开始。我窥见我不能加以肯定的目标，我每天都迫近它一些……噢！如果我摆脱了这疾病，我将拥抱世界！……一点休息都没有！除了睡眠以外我不知还有什么休息；而可怜我对于睡眠不得不花费比从前更多的时间。但愿我能在疾病中解放出一半：那时候！……不，我受不了。我要扼住命运的咽喉。它决不能使我完全屈服……噢！能把人生活上千百次，真是多美！"

1. "在这些肉体的痛苦之上，再加另外一种痛苦"，请分析这句话在文中的作用。

答案：这句话在文中起到承上启下的作用，承接上文由于耳聋引起的一切痛苦，又开启下文叙述爱情带来的精神痛苦。同时也让人更深切地感受到他的顽强。

2. 请分析这段内心独白中体现出贝多芬哪些复杂的情感。

"假如我不知道一个人在能完成善的行为时就不该结束生命的话，我早已不在人世了，而且是由于我自己的处决。"他对病愈的最后的希望没有了。"连一向支持我的卓绝的勇气也消失了。噢，神！给我一天真正的欢乐罢，就是一天也好！我没有听到欢乐的深远的声音已经多久！什么时候，噢！我的上帝，什么时候我再能和它相遇？……永远不？——不？——不，这太残酷了！"

答案：在这段内心独白中，贝多芬在痛苦和绝望中强烈地谴责了命运的不公，连最起码的爱情的甜蜜也不让他尝试，表达了贝多芬渴望与快乐相遇的愿望。

3. 为什么说下面这段内心独白是贝多芬心理的一个重大转变?

"我的体力和智力突飞猛进……我的青春,是的,我感到我的青春不过才开始。我窥见我不能加以肯定的目标,我每天都迫近它一些……噢!如果我摆脱了这疾病,我将拥抱世界!……一点休息都没有!除了睡眠以外我不知还有什么休息;而可怜我对于睡眠不得不花费比从前更多的时间。但愿我能在疾病中解放出一半:那时候!……不,我受不了。我要扼住命运的咽喉。它决不能使我完全屈服……噢!能把人生活上千百次,真是多美!"

答案:这段独白可以看出贝多芬心理发生了极大变化,之前他的内心是矛盾的,既要向命运挑战,又要忍耐避难,但此时的他却无法再忍受下去,"要扼住命运的咽喉"。可以看出贝多芬主宰命运的强势,感受到他与不公命运的顽强抗争。

必考段落

贝多芬突然中止了他的《第五交响曲》,不经过惯有的拟稿手续,一口气写下了《第四交响曲》。幸福在他眼前显现了。一八〇六年五月,他和特雷泽·特·布伦瑞克订了婚。

一七九六年至一七九九年间，贝多芬在维也纳认识了布伦瑞克一家。朱丽埃塔·圭恰迪妮是特雷泽的表姊妹。贝多芬有一个时期似乎也钟情于特雷泽的姊妹约瑟菲娜，她后来嫁给戴姆伯爵，又再嫁给施塔克尔贝格男爵。关于布伦瑞克一家的详细情形，可参看安德烈·特·海来西氏著《贝多芬及其不朽的爱人》一文，载一九一〇年五月一日及十五日的《巴黎杂志》。她老早就爱上他。从贝多芬卜居维也纳的初期，和她的哥哥弗朗索瓦伯爵为友，她还是一个小姑娘，跟着贝多芬学钢琴时起，就爱他的。一八〇六年，他在他们匈牙利的马尔托伐萨家里作客，在那里他们才相爱起来。关于这些幸福的日子的回忆，还保存在特雷泽·特·布伦瑞克的一部分叙述里。她说："一个星期日的晚上，用过了晚餐，在月光下贝多芬坐在钢琴前面。先是他放平着手指在键盘上来回抚弄。我和弗朗索瓦都知道他这种习惯。他往往是这样开场的。随后他在低音部分奏了几个和弦，接着，慢慢地，他用一种神秘的庄严的神气，奏着赛巴斯蒂安·巴赫的一支歌：'若愿素心相赠，无妨悄悄相传；两情脉脉，勿为人知，'"这首美丽的歌是在巴赫的夫人安娜·玛格达兰娜的手册上的，原题为《乔瓦尼尼之歌》。有人疑非巴赫原作。

"母亲和教士都已就寝；★欧洲贵族家中，皆有教士供养。哥哥严肃地凝眸睇视着，我的心已被他的歌和目光渗透了，感到生命的丰满——明天早上，我们在园中相遇。他对我说：'我正在写一本歌剧。主要的人物在我心中，在我面前，不论我到什么地方，停留在什么地方，他总和我同在。我从没到过这般崇高的境界。一切都是光明和纯洁。在此以前，我只像童话里的孩子，只管捡取石子，而不看见路上美艳的鲜花……'一八〇六年五月，只获得我最亲爱的哥哥的同意，我和他订了婚。"

这一年所写的《第四交响曲》，是一朵精纯的花，蕴藏着他一生比较平静的日子的香味。人家说："贝多芬那时竭力要把他的天才，和一般人在前辈大师留下的形式中所认识与爱好的东西，加以调和。"见诺尔著《贝多芬传》。这是不错的。同样渊源于爱情的妥协精神，对他的举动和生活方式也发生了影响。赛弗里德和格里尔巴策说他兴致很好，心灵活跃，处世接物彬彬有礼，对可厌的人也肯忍耐，穿着很讲究；而且他巧妙地瞒着大家，甚至令人不觉得他耳聋；他们说他身体很好，除了目光有些近视之外。贝多芬是近视眼。赛弗里德说他的近视是痘症所致，使他从小就得戴眼镜。近视使他的目光常有失神的样子。一八二三年至一八二四年间，他在书信中常抱怨他的眼睛使他受苦。在梅勒替他画的肖像上，我们也可看到一种罗曼蒂克的风雅，微微有些不自然的神情。贝多芬要博人欢心，并且知道已经博得人家的欢心。猛狮在恋爱中:它的利爪藏起来了。但在他的眼睛深处,甚至在《第四交响曲》的幻梦与温柔的情调之下,我们仍能感到那可怕的力,任性的脾气,突发的愤怒。

这种深邃的和平并不持久,但爱情的美好的影响一直保存到一八一〇年。无疑是靠了这个影响贝多芬才获得自主力,使他的天才产生了最完满的果实,例如那古典的悲剧:《第五交响曲》;那夏日的神明的梦:《田园交响曲》(一八〇八)。把歌德的剧本《哀格蒙特》谱成音乐是一八〇九年开始的。他也想制作《威廉·退尔》的音乐,但人家宁可请教别的作曲家。还有他自认为他奏鸣曲中最有力的,从莎士比亚的《暴风雨》感悟得来的;《热情奏鸣曲》(一八〇七),为他题献给特雷泽的。见贝多芬和申德勒的谈话。申德勒问贝多芬:"你的D小调奏鸣曲和F小调奏鸣曲的内容究竟是什么?"贝多芬答道:"请你读读莎士比亚的《暴风雨》去吧!"贝多芬《第十七钢琴奏鸣曲》(D小调,作品第三十一号之二)的别名《暴风雨奏鸣曲》即由此来。《第二十三钢琴奏鸣曲》(F小调,作品第五十七号)的别名《热情奏鸣曲》,是出版家克兰兹所加,这首奏鸣曲创作于一八〇四年至一八〇五年,一八〇七年出版,贝多芬把这首奏鸣曲题献给特雷泽的哥哥弗兰茨·冯·布伦瑞克伯爵。作品第七十八号的富于幻梦与神秘气息的奏鸣曲(一八〇九),

也是献给特雷泽的。写给"不朽的爱人"的一封没有日期的信，所表现的他的爱情的热烈，也不下于《热情奏鸣曲》……

考点提炼

1. 列出贝多芬的一部音乐作品，并谈谈你读了《贝多芬传》的启示。

答案：《月光奏鸣曲》《幻想奏鸣曲》《英雄交响曲》等。贝多芬出身贫寒，十三岁辍学，十七岁挑起家庭重担，二十五岁刚在乐坛崭露头角，耳朵开始失聪。在生活上，他一直是不幸的，由于贫穷和残疾，他的感情生活充满了凄苦和遗憾……然而所有的磨难只是使他更坚强，他战胜了疾病，战胜了痛苦，战胜了所有的磨难！我们应该学习他这种坚强的意志。

2. 请赏析"这一年所写的《第四交响曲》，是一朵精纯的花，蕴藏着他一生比较平静的日子的香味"，贝多芬的创作风格发生了怎样的变化？

答案：这句话运用了比喻的修辞手法，把音乐作品《第四交响曲》比作清纯的花，不仅生动体现了作品中如花儿般温馨、平和、动人的情绪，来表明他和特雷泽之间的纯洁而光明的爱情给了他创作的新动力。也从侧面反映了这一时期贝多芬生活的改变，由之前的激烈走向了平静温和。

3. 请赏析"猛狮在恋爱中：它的利爪藏起来了"的写作手法及其作用。

答案：运用了比喻的修辞手法，把贝多芬比喻成狮子，将性格中顽强的力量、任性的脾气比作狮子的利爪，生动形象地体现了贝多芬在爱情的影响下诞生了可爱、满是笑意的作品。

四　天堂中的国王

章节导读

　　两个世界级人物贝多芬与歌德在历史的长河中有幸走到了一起，虽相互钦佩，但依然失之交臂，这个事件也更加让我们看清了走在英雄队伍前列的贝多芬的崇高与伟大。随之而来的是贝多芬伟大的作品接连问世，也许名人就是上天垂青的人，肉体与精神的磨难再次降临，那么他遭遇到了哪些悲惨的事情呢？贝多芬为什么说"我的王国在天空"？

·必考段落·

　　歌德设法要认识贝多芬。一八一二年，终于他们在波希米亚的浴场特普利兹地方相遇，结果却不很投机。贝多芬热烈佩服着歌德的天才；一八一一年二月十九日他写给贝蒂娜的信中说："歌德的诗使我幸福。"一八〇九年八月八日他在旁的书信中也说："歌德与席勒，是我在我相与荷马之外最心爱的诗人。"……值得注意的是，贝多芬幼年的教育虽不完全，但他的文学口味极高。在他认为"伟大，庄严，D小调式的"歌德以外而看作高于歌德的，只有荷马、普卢塔克、莎士比亚三人。在荷马作品中，他最爱《奥德赛》。莎士比亚的德译本是常在他手头的，我们也知道莎士比亚的《科里奥兰》和《暴风雨》被他多么悲壮地在音乐上表现出来。至于普卢塔克，他和大革命时代的一般人一样，受有很深的影响。古罗马英雄布鲁图斯是他的英雄，这一点他和米开朗琪罗相似。他爱柏拉图，梦想在全世界上能有柏拉图式的共和国建立起来。一八一九年至一八二〇年间的谈话册内，他曾言："苏格拉底与耶稣是我的模范。"但他过于自由和过于暴烈的性格，不能和歌德的性格融和，而不免于伤害它。他曾叙述他们一同散步的情景，当时这位骄傲的共和党人，把魏玛大公的枢密参赞★*此系歌德官衔。*教训了一顿，使歌德永远不能原谅。

"君王与公卿尽可造成教授与机要参赞，尽可赏赐他们头衔与勋章；但他们不能造成伟大的人物，不能造成超临庸俗社会的心灵……而当像我和歌德这样两个人在一起时，这般君侯贵胄应当感到我们的伟大。……昨天，我们在归路上遇见全体的皇族。*系指奥国王室，特普利兹为当时避暑胜地，中欧各国的亲王贵族群集。*我们远远里就已看见，歌德挣脱了我的手臂，站在大路一旁。我徒然对他说尽我所有的话，不能使他再走一步。于是我按了一按帽子，扣上外衣的钮子，背着手，往最密的人丛中撞去。亲王与近臣密密层层；太子鲁道夫*系贝多芬的钢琴学生。*对我脱帽；皇后先对我招呼——那些大人先生是认得我的。——为了好玩起计，我看着这队人马在歌德面前经过，他站在路边上，深深地弯着腰，帽子拿在手里。事后我大大地教训了他一顿，毫不同他客气……"*以上见贝多芬致贝蒂娜书。这些书信的真实性虽有人怀疑。但大体是准确的。*

考点提炼

面对皇族成员，贝多芬与歌德有什么样的举动？这表现出二人性格上怎样的特点，是如何体现出来的？为什么他说"我的王国在天空"？

答案：这里通过一个很小的细节，将贝多芬与歌德的言行作对比，通过歌德对皇族成员的谦卑，再现了两个人一倨一恭的态度，表现出歌德的卑躬屈膝、谄媚权贵，衬托出贝多芬对皇族成员的狂傲不羁、与众不同的高傲气节，可以看出他的叛逆性格，不向权贵低头，将自己的人格永远掌握在自己手中。

"我的王国在天空"，这是贝多芬强烈自信的表现，虽然那些应制的作品可以比他一切别的音乐更能增加他的名声，但他认为这不是属于自己的王国。

必考段落

"贝多芬要求亲自指挥最后一次的预奏……从第一幕的二部唱起，显而易见他全没听见台上的歌唱。他把乐曲的进行延缓很多，当乐队跟着他的指挥棒进行时，台上的歌手自顾自地匆匆向前。结果是全局都紊乱了。经常的，乐队指挥乌姆劳夫不说明什么理由，提议休息一会儿，和歌唱者交换了几句说话之后，大家重新开始。同样的紊乱又发生了。不得不再休息一次。在贝多芬的指挥之下，无疑是干不下去的了；但怎样使他懂得呢？没有一个人有心肠对他说：'走罢，可怜虫，你不能指挥了。'贝多芬不安起来，骚动之余，东张西望，想从不同的脸上猜出症结所在：可是大家都默不作声。他突然用命令的口吻呼唤我。我走近时，他把谈话手册授给我，示意我写。我便写着：'恳求您勿再继续，等回去再告诉您理由。'<u>于是他一跃下台，对我嚷道：'快走！'他一口气跑回家里去；进去，一动不动地倒在便榻上，双手捧着他的脸，</u>他这样一直到晚饭时分。用餐时他一言不发，保持着最深刻的痛苦的表情。晚饭以后，当我想告别时，他留着我，表示不愿独自在家。等到我们分手的辰光，他要我陪着去看医生，以耳科出名的……在我和贝多芬的全部交谊中，没有一天可和这十一月里致命的一天相比。他心坎里受了伤，至死不曾忘记这可怕的一幕的印象。"申德勒从一八一四年起就和贝多芬来往，但到一八一九年以后方始成为他的密友。贝多芬不肯轻易与之结交，最初对他表示高傲轻蔑的态度。

考点提炼

1. 贝多芬一生中最大的痛苦是什么？最大的幸福又是什么？

答案：贝多芬一生中最大的痛苦是作为音乐家、作曲家却耳朵失聪；最大的幸福是他战胜痛苦，创造出伟大的作品。

2. 这段文字写了什么内容？

答案：贝多芬耳聋之后受到的打击。

3. 当贝多芬知道自己演奏失误时，他有怎样的反应？文中划线句子属于什么描写？

答案：反应：他一跃下台，对我嚷道："快走！"他一口气跑回家里去；动作描写。

4. 贝多芬当时的内心世界是什么样的？

答案：无法接受但又必须接受，渴望继续与音乐结为朋友，但又有耳聋的限制，十分痛苦。

五 高傲的孤独者

章节导读

本章节描写了贝多芬的朋友弃他而去，他茕茕孑立，形影相吊。耳聋疾病导致他失去了指挥的尊严，造物主似乎总是很喜欢让他品尝人间各种痛苦，为了抚慰心灵的创伤，他让自己沉浸在自然之中，并把自己的爱倾注到侄子身上，然而，这个侄子却给他带来了更多的灾难。

必考段落

他的精神的骚乱在自然中获得了一些安慰。他的居处永远不舒服。在维也纳三十五年，他迁居三十次。他为金钱的烦虑弄得困惫不堪。一八一八年时他写道："我差不多到了行乞的地步，而我还得装作日常生活并不艰窘的神气。"此外他又说："作品第一〇六号的奏鸣曲是在紧急情况中写的。要以工作来换取面包实在是一件苦事。"施波尔说他往往不能出门，为了靴子洞穿之故。★路德维希·施波尔（Ludwing Spohr，1784—1859），当时德国的提琴家兼作曲家。他对出版商负着重债，而作品又卖不出钱。《D调弥撒曲》发售预约时，只有七个预约者，其中没有一个是音乐家。贝多芬写信给凯鲁比尼，"为他在同时代的人中最敬重的"；可是凯鲁比尼置之不理。凯氏为意大利人，为法国音乐院长，作曲家，在当时音乐界中极有势力。他全部美妙的奏鸣曲——每曲都得花费他三个月的工作——只给他挣了三十至四十杜加。★贝多芬钢琴奏鸣曲一项，列在全集内的即有三十二首之多。加利钦亲王要他制作的四重奏（作品第一二七、一三○、一三二号），也许是他作品中最深刻的，仿佛用血泪写成的，结果是一文都不曾拿到。把贝多芬煎熬完的是，日常的窘况，无穷尽的讼案：或是要人家履行津贴的诺言，或是为争取侄子的监护权，因为他的兄弟卡尔于一八一五年死于肺病，遗下一个儿子。

考点提炼

本段引用贝多芬以下内容的作用是什么？

一八一八年时他写道："我差不多到了行乞的地步，而我还得装作日常生活并不艰窘的神气。"此外他又说："作品第一○六号的奏鸣曲是在紧急情况中写的。要以工作来换取面包实在是一件苦事。"

答案：本段引用贝多芬曾经写过的作品中的话语来突出所要强调的内容，增强了文字的说服力和真实性。

解析

为了真实地反映人物内心的情感活动，罗兰直接引用传主的书信、日记，让过去的人物通过他们自己最真实的书写活动来向人们表露心迹。

他又哀求道："别说谎，永远做我最亲爱的儿子！如果你用虚伪来报答我，像人家使我相信的那样，那真是何等丑恶何等刺耳！……别了，我虽不曾生下你来，但的确抚养过你，而且竭尽所能地培植过你精神的发展，现在我用着有甚于父爱的情爱，从心坎里求你走上善良与正直的唯一的大路。你的忠诚的老父。"以上见书信集三六二至三六七。另外一封信，是一八一九年二月一日的，里面表示贝多芬多么热望把他的侄子造成"一个于国家有益的公民"。

这个并不缺少聪明的侄子，贝多芬本想把他领上高等教育的路，然而替他筹划了无数美妙的前程之梦以后，不得不答应他去习商。但卡尔出入赌场，负了不少债务。

由于一种可悲的怪现象，比人们想象中更为多见的怪现象，伯父的精神的伟大，对侄子非但无益，反而有害，使他恼怒，使他反抗，如他自己所说的："因为伯父要我上进，所以我变得更下流"；这种可怕的说话，活活显出这个浪子的灵魂。他甚至在一八二六年时在自己头上打了一枪。然而他并不死，倒是贝多芬几乎因之送命：他为这件事情所受的难堪，永远无法摆脱。当时看见他的申德勒，说他突然变得像一个七十岁的老人，精神崩溃，没有力量，没有意志。倘若卡尔死了的话，他也要死的了……不多几月之后，他果真一病不起。卡尔痊愈了，他自始至终使伯父受苦，而对于这伯父之死，也未始没有关系；贝多芬临终的时候，他竟没有在场……几年以前，贝多芬写给侄子的信中说："上帝从没遗弃我。将来终有人来替我阖上眼睛。"……然而替他阖上眼睛的，竟不是他称为"儿子"的人。

考点提炼

1. 这个段落主要运用哪种描写手法，表达出贝多芬对侄子哪些复杂的情感？

答案：这段文字主要运用了语言描写的手法，非常直白，饱含悲愤地谴责了侄子的虚伪，让我们看到了贝多芬的坦率真诚，随之而来的宽恕之心，可见贝多芬对侄子的爱是非常真诚而深刻的。贝多芬的话表达了自己对侄子的殷切期望，慈爱的伯父形象跃然纸上。

2. 如何理解"贝多芬写给侄子的信中说：'上帝从没遗弃

我。将来终有人来替我阖上眼睛。'……然而替他阖上眼睛的，竟不是他称为'儿子'的人。"

答案：这段话运用了对比的手法，写出了贝多芬的爱，以及侄子的无知与冷漠，同时也表现出了贝多芬处境的悲凉。

六　命运的主宰者

章节导读

生活于苦痛中的贝多芬，并没有放弃对欢乐的追求，他从 1793 年起就在思考歌颂欢乐的方式，加之在抗争中爆发出来的生命激情，他的艺术之花终于得以绽放。1824 年 5 月 7 日，在维也纳的首次演奏获得了空前成功，在事业达到顶峰后，贝多芬并没有停止下来，依然雄心勃勃地计划建构更辉煌的音乐王国，尽管耳疾和孤独不断吞噬他的精神，但他拥有梦想、向往自由、崇尚力量，不屈的精神让他时刻想自我挑战，创作出更伟大的作品。

亲爱的贝多芬！多少人已颂赞过他艺术上的伟大。但他远不止是音乐家中的第一人，而是近代艺术的最英勇的力。对于一般受苦而奋斗的人，他是最大而最好的朋友。当我们对着世界的劫难感到忧伤时，他会到我们身旁来，好似坐在一个穿着丧服的母亲旁边，一言不发，在琴上唱着他隐忍的悲歌，安慰那哭泣的人。当我们对德与善的庸俗，斗争到疲惫的辰光，到此意志与信仰的海洋中浸润一下，将获得无可言喻的裨益。他分赠我们的是一股勇气，一种奋斗的欢乐，他致"不朽的爱人"信中有言："当我有所克服的时候，我总是快乐的。"一八〇一年十一月十六日致韦格勒信中又言："我愿把生命活上千百次……我非生来过恬静的日子的。"一种感到与神同在的醉意。仿佛在他和大自然不息的沟通之下，他竟感染了自然的深邃的力。申德勒有言："贝多芬教了我大自然的学问，在这方面的研究，他给我的指导和在音乐方面没有分别。使他陶醉的并非自然的律令Law，而是自然的基本威力。"格里尔巴策对贝多芬是钦佩之中含有惧意的，在提及他时说："他所到达的那种境界，艺术竟和犷野与古怪的元素混合为一。"舒曼提到《第五交响曲》时也说："尽管你时常听到它，它对你始终有一股不变的威力，有如自然界的现象，虽然时时发生，总教人充满着恐惧与惊异。"他的密友申德勒说："他抓住了大自然的精神。"——这是不错的：贝多芬是自然界的一股力，一种原始的力和大自然其余的部分接战之下，便产生了荷马史诗般的壮观。

他的一生宛如一天雷雨的日子。——先是一个明净如水的早晨。仅仅有几阵懒懒的微风。但在静止的空气中，已经有隐隐的威胁，沉重的预感。然后，突然之间巨大的阴影卷过，悲壮的雷吼，充满着声响的可怖的静默，一阵复一阵的狂风，《英雄交响曲》与《第五交响曲》。然而白日的清纯之气尚未受到损害。欢乐依然是欢乐，悲哀永远保存着一缕希望。但自一八一〇年后，心灵的均衡丧失了。日光变得异样。最清楚的思想，也看来似乎水汽一般在升华：忽而四散，忽而凝聚，它们的又凄凉又古怪的骚动，罩住了心；往往乐思在薄雾之中浮沉了一两次以后，完全消失了，淹没了，直到曲终才在一阵狂飙中重新出现。即是快乐本身也蒙上苦涩与犷野的性质。所有的情操里都混和着一种热病，一种毒素。贝多芬一八一〇年五月二日致韦格勒书中有言："噢，人生多美，但我的是永远受着毒害……"黄昏将临，雷雨也随着酝酿。随后是沉重的云，饱蓄着闪电，给黑夜染成乌黑，挟带着大风雨，那是《第九交响曲》的开始。——突然，当风狂雨骤之际，黑暗裂了缝，夜在天空给赶走，由于意志之力，白日的清明重又还给了我们。

什么胜利可和这场胜利相比？波拿巴的哪一场战争，奥斯特利茨★系拿破仑一八〇五年十二月大获胜利之地。哪一天的阳光曾经达到这种超人的努力的光荣？曾经获得这种心灵从未获得的凯旋？一个不幸的人，贫穷，残废，孤独，由痛苦造成的人，世界不给他欢乐，他却创造了欢乐来给予世界！他用他的苦难来铸成欢乐，好似他用那句豪语来说明的，——那是可以总结他一生，可以成为一切英勇心灵的箴言的："用痛苦换来的欢乐。"一八一五年十月十日贝多芬致埃尔德迪夫人书。

考点提炼

1."亲爱的贝多芬！多少人已歌颂过他艺术上的伟大……他是最大而最好的朋友。"为什么说贝多芬是伟大的？

答案：贝多芬的伟大不仅在于他是最杰出的音乐家，也是因为他的音乐是为苦难的人写的，他隐忍自己的痛苦，用他以痛苦换来的欢乐来安慰人们，给人们勇气和力量，这段话概括了贝多芬音乐的本质。

2. 请分别列举一条贝多芬在关于人生，关于音乐，关于批评方面的名言。

答案：关于人生：我要扼住命运的咽喉!

关于音乐：音乐应该让人们的精神火花迸发出来。

关于批评：我同伏尔泰一样地认为，被苍蝇咬上几口，骏马仍旧奔驰向前。

3. 我国先哲孟子说："天将降大任于斯人也，必先苦其心志，劳其筋骨……"这在《名人传》的贝多芬身上得到深刻体现，请说说他是如何在行动中体现孟子这句话的。（要求写出具体事例，不少于 30 字）

答案：贝多芬不仅身材矮小，容貌丑陋，而且一直患有重病，后来发展到耳朵失聪。可是这位自尊心极强的音乐家仍然相信，"谁也无法战胜我，我要死死扼住命运的咽喉。"他凭着超凡的毅力和奋斗精神，从事音乐的创作，写出《第九交响曲》等传世之作。

七　终场谢幕

章节导读

1827 年 3 月 26 日，贝多芬走完了他的人生历程，一颗向往自由的心孤独地走向了朝圣的路。人们用一个雷雨天来形容他伟大的一生，你知道人们为什么这样形容他吗？贝多芬在达到艺术的顶峰时，停止创作与追求了吗？他去世时是何种场景？

必考段落

然而死终于来了。一八二六年十一月终，他得着肋膜炎性的感冒；为侄子奔走前程而旅行回来，他在维也纳病倒了。他的病有两个阶段：（一）肺部的感冒，那是六天就结束的。"第七天上，他觉得好了一些，从床上起来，走路，看书，写作。"（二）消化器病，外加循环系病。医生说："第八天，我发现他脱了衣服，身体发黄色。剧烈地泄泻，外加呕吐，几乎使他那天晚上送命。"从那时起，水肿病开始加剧。这一次的复病还有我们迄今不甚清楚的精神上的原因。华洛赫医生说："一件使他愤慨的事，使他大发雷霆，非常苦恼，这就促成了病的爆发。打着寒噤，浑身战抖，因内脏的痛楚而起拘挛。"关于贝多芬最后一次的病情，从一八四二年起就有医生详细的叙述公开发表。朋友都在远方，他打发侄子去找医生。据说这麻木不仁的家伙竟忘记了使命，两天之后才重新想起来。医生来得太迟，而且治疗得很恶劣。三个月内，他运动家般的体格和病魔挣扎着。一八二七年一月三日，他把至爱的侄子立为正式的承继人。他想到莱茵河畔的亲爱的友人，写信给韦格勒说："我多想和你谈谈！但我身体太弱了，除了在心里拥抱你和你的洛亨以外，我什么都无能为力了。"

★洛亨即为韦格勒夫人埃莱奥诺雷的亲密的称呼。要不是几个豪侠的英国朋友，贫穷的苦难几乎笼罩到他生命的最后一刻。他变得非常柔和，非常忍耐。一个名叫路德维希·克拉莫利尼的歌唱家，说他看见最后一次病中的贝多芬，觉得他心地宁静，慈祥恺恻，达于极点。一八二七年二月十七日，躺在弥留的床上，经过了三次手术以后，等待着第四次，他在等待期间还安详地说："我耐着性子，想道：一切灾难都带来几分善。"据格哈得·冯·罗伊宁的信，说他在弥留时，在床上受着臭虫的骚扰……他的四次手术是一八二六年十二月二十日、一八二七年正月八日、二月二日和二月二十七日。

这个善，是解脱，是像他临终时所说的"喜剧的终场"……我们却说是他一生悲剧的终场。

他在大风雨中，大风雪中，一声响雷中，咽了最后一口气。一只陌生的手替他阖上了眼睛（一八二七年三月二十六日）。这陌生人是青年音乐家安塞尔姆·许滕布伦纳。——布罗伊宁写道："感谢上帝！感谢他结束了这长时期悲惨的苦难。"贝多芬的手稿、书籍、家具，全部拍卖掉，代价不过一七五弗洛令。拍卖目录上登记着二五二件音乐手稿和音乐书籍，共售九八二弗洛令。谈话手册只售一弗洛令二十。

考点提炼

1. 作者为什么把英勇的首席给予贝多芬?

答案：因为贝多芬最符合罗曼·罗兰的英雄观，符合他给英雄所下的定义。贝多芬作为音乐家，他仁慈，有伟大的人格魅力；面对不幸的命运，面对人生的重大打击，他选择了坚强。他把悲苦深藏于心底，以坚韧不拔的毅力创造了奇迹，给世人带来精神上的鼓舞和指引。

2. 你阅读《名人传》后有何感悟？

答案：我深深地感悟到名人背后的痛苦和磨难，同时更激起了我心中无限的奋发之情。孟子曾说过"天将降大任于斯人也，必先苦其心志，劳其筋骨，饿其体肤，空乏其身"。这个道理在《名人传》这本书里得到了很好的体现。直面人生、直面磨难的精神在这些名人的身上得到了很好的体现。

米开朗琪罗传

上编　战斗

一　力

章节导读

　　读名人故事，品名人精神。名人需要孤独，需要独处，需要耐得住寂寞。出身高贵的米开朗琪罗有着强烈的个性，他的父亲是法官，六岁时丧母，被寄养在一个石匠家里。家里人想让他出人头地，但他却要坚持自己的追求，这让他经历了很多苦难，他到底有什么样的追求呢？

这是米开朗琪罗第一次为迷信而大发神经病，他一生，这类事情不知发生了多少次，虽然他自己也觉得可羞，但他竟无法克制。

他一直逃到威尼斯。

他一逃出翡冷翠，他的骚乱静了下来。——回到博洛尼亚，过了冬天，他把预言者和预言全都忘掉了。在那里他住在高贵的乔凡尼·弗朗切斯科·阿尔多弗兰迪家里作客。在和博洛尼亚警察当局发生数次的纠葛中，都得到他的不少帮助。这时候他雕了几座宗教神像，但全无宗教意味，只是骄傲的力的表现而已。世界的美丽重新使他奋激。他读彼特拉克、薄伽丘和但丁的作品。

【甲】相传，翡冷翠的行政长官皮耶尔·索德里尼（即是决定交托米氏雕塑的人）去看这座像时，为表示他的高见计，加以若干批评，他认为鼻子太厚了。米开朗琪罗拿了剪刀和一些石粉爬上台架，轻轻地把剪刀动了几下，手中慢慢地散下若干粉屑；但他一点儿也没有改动鼻子，还是照它老样。于是，他转身向着长官问道："现在请看。"

——"现在，"索德里尼说，"它使我更欢喜了些。你把它改得有生气了。"

"于是，米开朗琪罗走下台架，暗暗地好笑。"据瓦萨里记载。

在这件作品中，我们似乎便可看到幽默的轻蔑。这是在休止期间的一种骚动的力。它充满着轻蔑与悲哀。在美术馆的阴沉的墙下，它会感到闷塞。它需要大自然中的空气，如米开朗琪罗所说的一般，它应当"直接受到阳光"。这个像在他的工作室内时，一个雕塑家想使外面的光线更适宜于这件作品，米开朗琪罗和他说："不必你辛苦，重要的是直接受到阳光。"……

【乙】米开朗琪罗毫无顾忌地指责布拉曼特，说他在工作中舞弊。孔迪维因为他对于米开朗琪罗的盲目友谊，也猜疑着说："布拉曼特被逼着去损害米开朗琪罗，第一是因为嫉妒，第二是因为他怕米开朗琪罗对他的判断，他是知道他的过失的人。大家知道，布拉曼特极爱享乐，挥霍无度。不论他在教皇那边的薪给是如何高，他总不够花，于是他设法在工程方面舞弊，用劣等的材料筑墙，于坚固方面是不够的。这情形，大家可以在他所主持的圣彼得建筑中鉴别出来……近来好些地方都在重修，因为已在下沉或将要下沉。"那时布拉曼特便决意要剪除他。

布拉曼特使他在教皇那边失宠。他利用尤利乌斯二世的迷信，在他面前说，据普通的观念，生前建造陵墓是大不祥的。他居然使教皇对于米开朗琪罗的计划冷淡下来，而乘机献上他自己的计划。一五〇六年正月，尤利乌斯二世决定重建圣彼得大寺。陵墓的事情搁置了，米开朗琪罗不独被压倒了，而且为了他在作品方面所花的钱负了不少债务……

考点提炼

1. 请概括两个文段各自的内容。

答案：甲段写米开朗琪罗巧妙地应对自作聪明的行政长官；乙段写他因为毫无顾忌地指责他人反受诬陷。

2. 根据选段分析米开朗琪罗的个性特点。

答案：甲段通过假装服从的方法保留自己的作品，主要反映米开朗琪罗机智、自信的个性。乙段则写他毫无顾忌地当众指责小人，体现他单纯、率直、毫无城府的性格。

3. 行政长官批评《大卫像》鼻子太厚，米开朗琪罗是怎么做的？

答案：拿着剪刀和一些石粉爬上台架，轻轻地把剪刀动几下，手中慢慢地散下若干粉屑，其实他一点儿也没有改动鼻子，还是照它老样。

4. 人们认为米开朗琪罗一生的悲剧很大程度上是他自己造成的。请结合选段谈谈你所得到的人生启示。

答案：从选段看，艺术天才米开朗琪罗在为人处世方面确实有不足之处，比如他不应该敷衍了上司还暗暗发笑，当面指责他人的过失。我们应该真诚地与人相处，即使他人有失误，也应当恰当地指责。

5. 本段反映了全书独特的表现人物的手法，请结合选段内容简要分析。

答案：《名人传》善于多侧面地去表现传主们身上和精神上遭受的磨难，以及他们对无限苦难的不懈抗争，和在抗争中爆发出来的生命激情。如选段通过米开朗琪罗机智地应对统治者的小故事的描述、周围人对他的嫉妒与中伤等全面反映了主人公的遭遇与抗争。

二 力的崩裂

章节导读

敬业、激情是飘扬在米开朗琪罗精神王国上空的两面旗帜，他把自己全部的热情与精力都投入到工作中，然而人生之路，注定布满荆棘，上天总是喜欢把磨难赏赐给他青睐的人。导致他不断品尝着幻灭的苦涩、希望的破灭，最可怕的是意志的摧毁。他因此变得沉默和日趋忧郁，未能完成的作品正是此时的他心力崩溃的外在表现。

必考段落

多少的力，多少的热情，多少的天才枉费了！一五一八年九月杪，他在塞拉韦扎地方，因为劳作过度，烦虑太甚而病了。他知道在这苦工生活中健康衰退了，梦想枯竭了。他日夜为了热望终有一日可以开始工作而焦虑，又因为不能实现而悲痛。他受着他所不能令人满意的工作压榨。指《米涅瓦基督》与尤利乌斯二世的陵墓。

"我不耐烦得要死，因为我的恶运不能使我为所欲为……我痛苦得要死，我做了骗子般的勾当，虽然不是由于我自己的过失……"一五一八年十二月二十一日致阿真大主教书……四个仅仅动工的巨像，预备安放在尤利乌斯二世墓上的《奴隶》似乎是这一期的作品……

末了，教皇与梅迪契大主教眼见多少宝贵的光阴白白费掉在石厂与泥泞的路上，感着不耐烦起来。一五二〇年三月十日，教皇一道敕谕把一五一八年命米开朗琪罗建造圣洛伦佐教堂的契约取消了。米开朗琪罗只在派来代替他的许多工人到达皮耶特拉桑塔地方的时候才知道消息。他深深地受了一个残酷的打击。

"我不和大主教计算我在此费掉的三年光阴，"他说，"我不和他计算我为了这圣洛伦佐作品而破产。我不和他计算人家对我的侮辱：一下子委任我做，一下子又不要我做这件工作，我不懂为了什么缘故！我不和他计算我所损失的开支的一切……而现在，这件事情可以结束如下：教皇利奥把已经砑好石块的山头收回去，我手中是他给我的五百金币，还有人家还我的自由！"一五二〇年书信。

但米开朗琪罗所应指摘的不是他的保护人们而是他自己，他很明白这个。最大的痛苦即是为此。他和自己争斗。自一五一五年至一五二〇年中间，在他的力量的丰满时期，洋溢着天才的顶点，他做了些什么？——黯然无色的《米涅瓦基督》，——一件没有米开朗琪罗的成分的米开朗琪罗作品！——而且他还没有把它完成。米开朗琪罗把完成这座基督像的工作交付给他蠢笨的学生乌尔巴诺，他把它弄坏了。（见一五二一年九月六日皮翁博致米开朗琪罗书）罗马的雕塑家弗里齐胡乱把它修葺了，这一切忧患并没阻止米开朗琪罗在已往把他磨折不堪的工作上增加新的工作。一五一九年十月二十日，他为翡冷翠学院签具公函致利奥十世，要求把留在拉文纳的但丁遗物运回翡冷翠，他自己提议"为神圣的诗人建造一个纪念像"……

"我服侍教皇，"米开朗琪罗说，"但这是不得已的。"见米开朗琪罗致侄儿利奥那多书。（一五四八年）

少许的荣名和一两件美丽的作品又算得了什么？这和他所梦想的境界距离得那么远！……而衰老来了。在他周围，一切阴沉下来，文艺复兴快要死灭了，罗马将被野蛮民族来侵略蹂躏，一个悲哀的神的阴影慢慢地压住了意大利的思想，米开朗琪罗感到悲剧的时间的将临，他被悲怆的苦痛闷塞着。

把米开朗琪罗从他焦头烂额的艰难中拯拔出来之后，克雷芒七世决意把他的天才导向另一条路上去，为他自己所可以就近监督的。他委托他主持梅迪契家庙与坟墓的建筑。工程在一五二一年三月便开始了，但到尤利乌斯·特·梅迪契大主教登极为教皇时起才积极进行。这是一五二三年十一月十九日的事，从此是教皇克雷芒七世了。最初的计划包含四座坟墓："高贵"的圣洛伦佐的，他的兄弟朱利阿诺的，他的儿子的和他的孙子的。一五二四年，克雷芒七世又决定加入利奥十世的棺椁和他自己的。同时，米氏被任主持圣洛伦佐图书馆的建筑事宜。他要他专心服务。他甚至劝他加入教派，这里是指方济各教派。（见一五二四年正月二日法图奇以教皇名义给米开朗琪罗书）致送他一笔教会俸金，米开朗琪罗拒绝了；但克雷芒七世仍是按月致送他薪给，比他所要求的多出三倍，又赠与他一所邻近圣洛伦佐的屋子。

一切似乎很顺利，教堂的工程也积极进行，忽然米开朗琪罗放弃了他的住所，拒绝克雷芒致送他的月俸。**一五二四年三月**。见他又灰心了，尤利乌斯二世的承继人对他放弃已经承应的作品这件事不肯原谅；他们恐吓他要控告他，他们提出他的人格问题、诉讼的念头把米开朗琪罗吓倒了；他的良心承认他的敌人们有理，责备他自己爽约：他觉得在尚未偿还他所花去的尤利乌斯二世的钱之前，他决不能接受克雷芒七世的金钱……

以后，为生活所迫，他再写信：

"仔细考虑一番之后，我看到教皇多么重视这件圣洛伦佐的作品；既然是圣卜自己答应给我的月俸，为的要我加紧工作；那么我不收受它无异是延宕工作了。因此，我的意见改变了；迄今为止我不请求这月俸，此刻为了一言难尽的理由我请求了……你愿不愿从答应我的那天算起把这笔月俸给我？……何时我能拿到？请你告诉我。"一五二五年八月二十九日米氏致斯皮纳书。

人家要给他一顿教训：只装作不听见。两个月之后，他还什么都没拿到，他不得不再三申请。

他在烦恼中工作，他怨叹这些烦虑把他的想象力窒塞了：

"……烦恼使我受着极大的影响……人们不能用两只手做一件事，而头脑想着另一件事，尤其是雕塑。人家说这是要刺激我，但我说这是坏刺激，会令人后退的。我一年多没有收到月俸，我和穷困挣扎，我在我的忧患中是十分孤独，而且我的忧患是那么多，比艺术使我操心得更厉害！我无法获得一个服侍我的人。"一五二五年十月二十四日米氏致法图奇书。

克雷芒七世有时为他的痛苦所感动了，他托人向他致意，表示他深切的同情，他担保"在他生存的时候将永远优待他"。一五二五年十二月二十三日皮尔·保罗·马尔齐以克雷芒七世名义致米氏书。但梅迪契族人们的无可救治的轻佻性又来纠缠着米开朗琪罗，他们非但不把他的重负减轻一些，反又令他担任其他的工作：其中有一个无聊的巨柱，顶上放一座钟楼。一五二五年十月至十二月间书信。米开朗琪罗为这件作品又费了若干时间的心思……此外他时时被他的工人、泥水匠、车夫们麻烦，因为他们受着一般八小时工作制的先驱的宣传家的诱惑。一五二六年六月十七日米氏致法图奇书。

米开朗琪罗变得沉默和日趋忧郁，以至于心理崩溃的因素有哪些?

答案：米开朗琪罗出身高贵却有着强烈的个性，家里人想让他出人头地，但他却要坚持自己的追求，这让他经历了很多苦难。米开朗琪罗对自己的每一项工作都十分地投入，然而命运给予天才的恩赐太过吝啬，总是用幻灭的苦涩、希望的破灭、意志的摧毁作为对天才努力的酬谢。米开朗琪罗也因此变得沉默和日趋忧郁，未能完成的作品正是此时他心理崩溃的外在表现。

三　绝望

⟨章节导读⟩

天赋之才常常疏远他人，身为充满激情的佛罗伦萨人，米开朗琪罗始终坚守着民主与共和的信念，而佛罗伦萨的最终失陷，导致他迅速跌落到崩溃的深渊，这是一种让他无法承受的致命打击，多灾多难的他终于还是垮了。于是，他选择逃离与退缩。

下编　舍弃

一　爱情

是苦难成就了天才，还是天才特别热爱苦难？这是一个永远都需要思考的问题。但作为天才，他会感谢这些苦难，唯其如此，他的思想才会深邃，才会洞悉人性的本质。在这颗饱经摧残的心中，一种新生命开始了，狂热的爱情突然点燃了他整个的灵魂，这是对于卡瓦列里美貌的神秘崇拜，这是对维多利亚·科隆娜友谊的虔敬。

必考段落

一五三五年九月一日，保罗三世的一道敕令，任命他为圣彼得的建筑绘画雕塑总监。自四月起，米开朗琪罗已接受《最后之审判》的工作。这幅巨大的壁画把西斯廷教堂入口处的墙壁全部掩蔽了，在一五三三年时克雷芒七世已有这个思念。自一五三六年四月至一五四一年十一月止，即在维多利亚逗留罗马的时期内，他完全经营着这件事业。即在这件工作的过程中，在一五三九年，老人从台架上堕下，腿部受了重伤，"又是痛楚又是愤怒，他不愿给任何医生诊治"。瓦萨里记载。他瞧不起医生，当他知道他的家族冒昧为他延医的时候，他在信札中表示一种可笑的惶虑。

"幸而他堕下之后，他的朋友、翡冷翠的巴乔·隆蒂尼是一个极有头脑的医生，又是对于米开朗琪罗十分忠诚的，他哀怜他，有一天去叩他的屋门。没有人接应，他上楼，挨着房间去寻，一直到了米开朗琪罗睡着的那间。米氏看见他来，大为失望。但巴乔再也不愿走了，直到把他医愈之后才离开他。"瓦萨里记载。

像从前尤利乌斯二世一样，保罗三世来看他作画，参加意见。他的司礼长切塞纳伴随着他，教皇征询他对于作品的意见。据瓦萨里说，这是一个非常迁执的人，宣称在这样庄严的一个场所，表现那么多的猥亵的裸体是大不敬；这是，他说，配装饰浴室或旅店的绘画。米开朗琪罗愤慨之余，待切塞纳走后，凭了记忆把他的肖像画在图中；他把他放在地狱中，画成判官米诺斯的形象，在恶魔群中给毒蛇缠住了腿。切塞纳到教皇前面去诉说。保罗三世和他开玩笑地说："如果米开朗琪罗把你放在监狱中，我还可设法救你出来；但他把你放在地狱里，那是我无能为力的了；在地狱里是毫无挽救的了。"

可是对于米开朗琪罗的绘画认为猥亵的不止切塞纳一人。意大利正在提倡贞洁运动，且那时距韦罗内塞因为作了 Cène chez Simon（《西门家的盛宴》）一画而被人向异教法庭控告的时节也不远了。一五七三年六月间事。——韦罗内塞老老实实把《最后之审判》作为先例，辩护道："我承认这是不好的，但我仍坚执我已经说过的话，为我，依照我的大师们给我的榜样是一件应尽的责任。"——"那么你的大师们做过什么？也许是同样的东西吧？"——"米开朗琪罗在罗马，教皇御用的教堂内，把吾主基督，他的母亲，圣约翰，圣彼得和天庭中的神明及一切人物都以裸体表现，看那圣母玛丽亚，不是在任何宗教所没有令人感应到的姿势中么？……"不少人士大声疾呼说是有妨风化。叫嚣最厉害的要算是拉莱廷了。这个淫书作家想给贞洁的米开朗琪罗以一顿整饬端方的教训。这是一种报复的行为。拉莱廷曾屡次向他索要艺术品，甚至他觍颜为米开朗琪罗设计一张《最后之审判》的图稿。米开朗琪罗客客气气拒绝了这献计，而对于他索要礼物的请求装作不闻。因此，拉莱廷要显一些本领给米开朗琪罗看，让他知道瞧不起他的代价。他写给他一封无耻的信。他责备他"表现使一个娼家也要害羞的东西"，他又向异教法庭控告他大不敬的罪名。"因为，"他说，"破坏别人的信心较之自己的不信仰犯罪尤重。"他请求教皇毁灭这幅壁画。他在控诉状中说他是路德派的异教徒，末了更说他偷盗尤利乌斯二世的钱。信中并侵及无辜的盖拉尔多·佩里尼与托马索·卡瓦列里等（米氏好友，见前）。这封信这封无耻的信，末了又加上一句含着恐吓的话，意思还是要挟他送他礼物把米开朗琪罗灵魂中最深刻的部分——他的虔敬、他的友谊、他的爱惜荣誉的情操——都污辱了，对于这一封信，米开朗琪罗读的时候不禁报以轻蔑的微笑，可也不禁愤懑地痛哭，他置之不答。无疑地他仿佛如想起某些敌人般地想："不值得去打击他们，因为对于他们的胜利是无足重轻的。"——而当拉莱廷与切塞纳两人对于《最后之审判》的见解渐渐占得地位时，他也毫不设法答复，也不设法阻止他们。他什么也不说，当他的作品被视为"路德派的秽物"的时候。一五四九年有一个翡冷翠人这么说。他什么也不说，当保罗四世要把他的壁画除下的时候。一五九六年，克雷芒八世要把《最后之审判》涂掉。他什么也不说，当达涅尔·特·沃尔泰雷受了教皇之命来把他的英雄们穿上裤子的时候。一五五九年事。——达涅尔·特·沃尔泰雷把他的修改工作称作"穿裤子"。他是米开朗琪罗的一个朋友。另一个朋友，雕塑家阿马纳蒂，批斥这些裸体表现为猥亵。因此，在这件事情上，米氏的信徒们也没有拥护他。——人家询问他的意见。他怒气全无地回答，讥讽与怜悯的情绪交混着："告诉教皇，说这是一件小事情，容易整顿的。只要圣下也愿意把世界整顿一下：整顿一幅画是不必费多大心力的。"——他知道他是在怎样一种热烈的信仰中完成这件作品的，在和维多利亚·科隆娜的宗教谈话的感应下，在这颗洁白无瑕的灵魂的掩护下。要去向那些污浊的猜度与下流的心灵辩白他在裸体人物上所寄托的英雄思想，他会感到耻辱。

考点提炼

1. 司礼长批评米开朗琪罗画里的许多裸体形象不适合庄严的教堂却适合浴室后，米开朗琪罗是怎样做的？

答案：米开朗琪罗愤恨之余，待切塞纳走后，凭着记忆把他的肖像画在图里，把他放在地狱中，画成判官米诺斯的形象。

2. 当教皇要米开朗琪罗给壁画上的英雄穿上衣服时，他是怎样做的？

答案：告诉教皇，说这是一件小事，容易整顿的，只要圣下也愿意把世界整顿一下。

二　信心

章节导读

伟大的艺术家总是能洞察人性的弱点，因而无法与社会合拍，工作往往是他们展示思想的最佳武器，米开朗琪罗正是这样的人。他在七十余岁高龄的时候，依然担任了圣彼得大教堂的建筑总监，除了责任与使命感以外，我们的确很难找到更圆满的答案。

必考段落

他的敌人们丝毫不退让，而这种斗争，有时竟是悲剧的。一五六三年，在圣彼得工程中，对于米开朗琪罗最忠诚的一个助手，加埃塔被抓去下狱，诬告他窃盗；他的工程总管切萨雷又被人刺死了。米开朗琪罗为报复起见，便任命加埃塔代替了切萨雷的职位。行政委员会把加埃塔赶走，任命了米开朗琪罗的敌人南尼·迪·巴乔·比焦。米开朗琪罗大怒，不到圣彼得视事了。于是人家散放流言，说他辞职了；而委员会迅又委任南尼去代替他，南尼亦居然立刻做起主人来。他想以种种方法使这八十八岁的病危的老人灰心，可是他不识得他的敌人。米开朗琪罗立刻去见教皇，他威吓说如果不替他主张公道他将离开罗马。他坚持要做一个新的侦查，证明南尼的无能与谎言，把他驱逐。*米开朗琪罗逝世后翌日，南尼马上去请求科斯梅大公，要他任命他继任米氏的职位。*这是一五六三年九月，他逝世前四个月的事情……这样，直到他一生的最后阶段，他还须和嫉妒与怨恨争斗。

可是我们不必为他抱憾。他知道自卫；即在临死的时光，他还能够，如他往昔和他的兄弟所说的，独个子"把这些兽类裂成齑粉"。

在圣彼得那件大作之外，还有别的建筑工程占据了他的暮年，如京都大寺、米开朗琪罗没有看见屋前盘梯的完成。京都大寺的建筑在十七世纪时才完工的。圣玛里亚·德利·安吉利教堂、关于米开朗琪罗的教堂，今日毫无遗迹可寻。它们在十八世纪都重建过了。翡冷翠的圣洛伦佐教堂、人们把教堂用白石建造，而并非如米开朗琪罗原定的用木材建造。

皮亚门，尤其是翡冷翠人的圣乔凡尼教堂，如其他作品一样是流产的……

——他亲自关切利奥那多的教育，他的父亲逝世时他只有九岁，冗长的通信，令人想起贝多芬与其侄儿的通信，表示他如何严肃地尽了他父辈的责任。这通信始于一五四〇年。这也并非没有时时发生的暴怒。利奥那多常常试练他的伯父的耐性，而这耐性是极易消耗的。青年的恶劣的字迹已足使米开朗琪罗暴跳。他认为这是对他的失敬……

这些愤怒并不使利奥那多有何感触，因为在发怒的信后往常是继以温言善语的信和礼物。一五四九年，米开朗琪罗在病中第一个通知他的侄儿，说已把他写入遗嘱……遗嘱大体是这样写的："我把我所有的一切，遗留给西吉斯蒙多和你；要使我的弟弟西吉斯蒙多和你，我的侄儿，享有均等的权利，两个人中任何一个如不得另一个的同意，不得处分我的财产。"一年之后，他重新赶到罗马，被赠与三千金币的诺言吸引着。米开朗琪罗为他这种急促的情态激怒了，写信给他道：

"你那么急匆匆地到罗马来。我不知道，如果当我在忧患中，没有面包的时候，你会不会同样迅速地赶到……你说你来是为爱我，是你的责任……是啊，这是蛀虫之爱！原文是 L,amore del tarlo！指他的侄儿只是觊觎遗产而爱他。如果你真的爱我，你将写信给我说：米开朗琪罗，留着三千金币，你自己用吧；因为你已给了那么多钱，很够了；你的生命对于我们比财产更宝贵。"……"……但四十年来，你们靠着我活命；而我从没有获得你们一句好话……"一五四六年二月六日书。他又附加着："不错，去年，因为我屡次责备你，你寄了一小桶特雷比亚诺酒给我。啊！这已使你破费得够了！"

考点提炼

1. 一五三六年，有人污蔑米开朗琪罗最忠心的一个助手加埃塔犯了偷窃罪，米开朗琪罗提出抗议，他是怎样做的？结果如何？

答案：米开朗琪罗为报复起见，便任命加埃塔代替了切萨雷的职位。行政委员会把加埃塔赶走，任命了米开朗琪罗的敌人，米开朗琪罗大怒，不到圣彼得视事了。

2. 米开朗琪罗的侄子不想得罪他的原因是什么？

答案：他想继承叔叔的财产。

三　孤独

章节导读

爱过了，力量有过了，信念有过了，剩下来的是什么？孤独。伟大的天才常常会虔诚地守候着孤独，这似乎成了一种习惯与定式，米开朗琪罗在这方面的表现同样没有让我们感到意外。其实，他的心灵并非只是固守着孤独的阵地，大自然和基督成了他最好的慰藉。

必考段落

死，于他似乎是生命中唯一的幸福：

"当我的过去在我眼前重现的时候——这是我时时刻刻遇到的，——喔，虚伪的世界，我才辨认出人类的谬妄与过错。相信你的谄谀，相信你的虚幻的幸福的人，便是在替他的灵魂准备痛苦与悲哀。经验过的人，很明白你时常许诺你所没有、你永远没有的平和与福利。因此最不幸的人是在尘世羁留最久的人；生命愈短，愈容易回归天国⋯⋯"诗集卷一百〇九第三十二首。

"由长久的岁月才引起我生命的终点，喔，世界，我认识你的欢乐很晚了。你许诺你所没有的平和，你许诺在诞生之前早已死灭的休息⋯⋯我是由经验知道的，以经验来说话：死紧随着生的人才是唯一为天国所优宠的幸运者。"诗集卷一百〇九第三十四首。

他的侄儿利奥那多庆祝他的孩子的诞生，米开朗琪罗严厉地责备他：

"这种铺张使我不悦。当全世界在哭泣的时候是不应当嬉笑的。为了一个人的诞生而举行庆祝是缺乏知觉的人的行为。应当保留你的欢乐，在一个充分地生活了的人死去的时候发泄。"一五五四年四月致瓦萨里书，上面写道"一五五四年四月我不知何日"。

翌年，他的侄儿的第二个孩子生下不久便夭殇了，他写信去向他道贺。

大自然，为他的热情与灵智的天才所一向轻忽的，在他晚年成为一个安慰者了。虽然他在乡间度过不少岁月，但他一向忽视自然。风景在他的作品中占有极少的地位，它只有若干简略的指示，如在西斯廷的壁画中。在这方面，米氏和同时代的人⋯⋯拉斐尔、提香、佩鲁吉诺、弗朗奇亚、达·芬奇——完全异趣。他瞧不起佛兰芒艺人的风景画，那时正是非常时髦的。一五五六年九月，当罗马被西班牙阿尔贝大公的军队威胁时，他逃出京城，道经斯波莱泰，在那里住了五个星期。他在橡树与橄榄树林中，沉醉在秋日的高爽清朗的气色中。十日秒他被召回罗马，离开时表示非常抱憾——他写信给瓦萨里道："大半的我已留在那里，因为唯有在林中方能觅得真正的平和。"

…………

但在这颗老耄的心中，由信仰与痛苦所激发的最精纯的花朵，尤其是神明般的恻隐之心。这个为仇敌称为贪婪的人，这些流言是拉莱廷与班迪内利散布的。这种谎话的来源有时因为米开朗琪罗在金钱的事情上很认真的缘故。其实，他是非常随便的，他并不记账，他不知道他的全部财产究有若干，而他一大把一大把地把钱施舍。他的家族一直用着他的钱。他对于朋友们、仆役们往往赠送唯有帝王所能赐予般的珍贵的礼物。他的作品，大半是赠送的而非卖掉的；他为圣彼得的工作是完全尽义务的。再没有人比他更严厉地指斥爱财的癖好了，他写信给他的兄弟说："贪财是一件大罪恶。"瓦萨里为米氏辩护，把他一生赠与朋友或信徒的作品一齐背出来，说："我不懂人们如何能把这个每件各值几千金币的作品随意赠送的人当作一个贪婪的人"。一生从没停止过施惠于不幸的穷人，不论是认识的或不认识的。他不独对他的老仆与他父亲的仆人……对一个名叫莫娜·玛格丽塔的老仆，为他在兄弟死后所收留，而她的死使他非常悲伤，"仿佛死掉了他自己的姊妹那样"；一五三三年致兄弟乔凡·西莫内信；一五四〇年十一月致利奥那多信。对一个为西斯廷教堂造台架的木匠，他帮助他的女儿的陪嫁费……瓦萨里记载。……表露他的动人的真挚之情，而且他时时在布施穷人，尤其是怕羞的穷人。他爱令他侄子与侄女参与他的施舍，使他们为之感动，他亦令他们代他去做，但不把他说出来；因为他要他的慈惠保守秘密。一五四七年致利奥那多书："我觉得你太不注意施舍了。"一五四七年八月："你写信来说给这个女人四个金币，为了爱上帝的缘故，这使我很快乐。"一五四九年三月二十九日："注意，你所给的人，应当是真有急需的人，且不要为了友谊而为了爱上帝之故。不要说出钱的来源。""他爱实地去行善，而非貌为行善。"孔迪维记载。由于一种极细腻的情感，他尤其念及贫苦的女郎；他设法暗中赠与她们少数的奁资，使她们能够结婚或进入修院。他写信给他的侄儿说：

"设法去认识一个有何急需的人，有女儿要出嫁或送入修院的。（我说的是那些没有钱而无颜向人启齿的人。）把我寄给你的钱给人，但要秘密地；而且你不要被人欺骗……"

一五四七年八月致利奥那多书。

❖考点提炼

1. 俗话说："人之初，性本善。"每个人都有恻隐之心。从本章中，我们可以从哪些事情中感受到米开朗琪罗的爱心？

答案：他从来没有停止过施恩给那些不幸的穷人，不论是认识还是不认识的。老仆的去世让他十分悲伤，帮助木匠，为他的女儿置办嫁妆。要求侄子关心贫苦的女郎。

2. 长时间孤独地等待死，那么渴望死，老人最后的日子是怎样度过的？他为何既恐惧死亡，又那么希望死亡的到来呢？

答案：他直到最后依然保持着清醒，因而能够平静地面对死亡。从某种程度上他已经超越了衰老和死亡。死对于他来说似乎是生命中唯一的幸福。遭受病魔侵蚀的他觉得，他唯一的归宿就是死亡。

尾声　死

◈ 章节导读 ◈

内心总是被痛苦撕裂着，这是一位饱受磨难的艺术家最大的悲哀，他的聪明无法被人们欣赏，他的宿命只能是崩溃或是死亡。他在替人们的原罪受罚，可笑的是守候在身边的人觊觎着他的遗嘱和财产，这到底是伟人的不幸还是常人的悲哀？

◈ 必考段落 ◈

"多么想望而来得多么迟缓的死——""因为，对于不幸的人，死是懒惰的……"（诗集卷七十三第三十首）

终于来了。

他的僧侣般的生活虽然支持了他坚实的身体，可没有蠲免病魔的侵蚀。自一五四四年与一五四六年的两场恶性发热后，他的健康从未恢复；膀胱结石、一五四九年三月：人家劝他饮维泰尔贝泉水，他觉得好些……但在一五五九年七月他还感着结石的痛苦。痛风症，一五五五年七月。以及各种的疾苦把他磨蚀完了。在他暮年的一首悲惨的滑稽诗中，他描写他的残废的身体：

"我孤独着悲惨地生活着，好似包裹在树皮中的核心……我的声音仿佛是幽闭在臭皮囊中的胡蜂……我的牙齿动摇了，有如乐器上的键盘……我的脸不啻是吓退鸟类的丑面具……我的耳朵不息地嗡嗡作响：一只耳朵中，蜘蛛在结网；另一只中，蟋蟀终夜地叫个不停……我的感冒使我不能睡眠……予我光荣的艺术引我到这种结局。可怜的老朽，如果死不快快来救我，我将绝灭了……疲劳把我支离了，分解了，唯一的栖宿便是死……"诗集卷八十一。

一五五五年六月，他写信给瓦萨里说道：

"亲爱的焦尔焦先生，在我的字迹上你可以认出我已到了第二十四小时了……"一五五五年六月二十二日致瓦萨里书。一五四九年他在写给瓦尔基信中已说："我不独是老了，我已把自己计算在死人中间。"

一五六〇年春，瓦萨里去看他，见他极端疲弱。他几乎不出门，晚上几乎不睡觉；一切都令人感到他不久人世。愈衰老，他愈温柔，很易哭泣。

"我去看米开朗琪罗，"瓦萨里写道。"他没想到我会去，因此在见我时仿佛如一个父亲找到了他失掉的儿子般地欢喜。他把手臂围着我的颈项,再三地亲吻我,快活得哭起来。"一五六〇年四月八日瓦萨里致科斯梅·特·梅迪契书。

可是他毫未丧失他清明的神志与精力。即在这次会晤中,他和瓦萨里长谈,关于艺术问题,关于指点瓦萨里的工作,随后他骑马陪他到圣彼得。那时他是八十五岁。

一五六一年八月,他患着感冒。他赤足工作了三小时,于是他突然倒地,全身拘挛着。他的仆人安东尼奥发现他昏晕了。卡瓦列里、班迪尼、卡尔卡尼立刻跑来。那时,米开朗琪罗已经醒转。几天之后,他又开始乘马出外,继续作皮亚门的图稿。

古怪的老人,无论如何也不答应别人照拂他。他的朋友们费尽心思才得悉他又患着一场感冒,只有大意的仆人们伴着他。

他的继承人利奥那多,从前为了到罗马来受过他一顿严厉的训责,此刻即是为他叔父的健康问题也不敢贸然奔来了。一五六三年七月,他托达涅尔·特·沃尔泰雷问米开朗琪罗,愿不愿他来看他;而且,为了预料到米氏要猜疑他的来有何作用,故又附带声明,说他的商业颇有起色,他很富有,什么也不需求。狡黠的老人令人回答他说,既然如此,他很高兴,他将把他存留的少数款子分赠穷人。

一个月之后，利奥那多对于那种答复感着不满，重复托人告诉他，说他很担心他的健康和他的仆役。这一次，米开朗琪罗回了他一封怒气勃勃的信，表示这八十八岁——离开他的死只有六个月——的老人还有那么强劲的生命力：

"由你的来信，我看出你听信了那些不能偷盗我，亦不能将我随意摆布的坏蛋的谎言。这是些无赖之徒，而你居然傻得会相信他们。请他们走路吧：这些人只会给你烦恼，只知道嫉羡别人，而自己度着浪人般的生活。你信中说你为我的仆役担忧；而我，我告诉你关于仆役，他们都很忠实地服侍我、尊敬我。至于你信中隐隐说起的偷盗问题，那么我和你说，在我家里的人都能使我放怀，我可完全信任他们。所以，你只须关切你自己；我在必要时是懂得自卫的，我不是一个孩子。善自珍摄吧！"一五六三年八月二十一日致利奥那多书。

考点提炼

1.罗兰在《米开朗琪罗传》中探索了这位艺术巨匠哪两方面的内容？

答案：一是痛苦和磨难——时代与社会给他带来的种种苦痛；二是他的艺术创作带给他的短暂的狂欢。

2. 结合作品简要说说，米开朗琪罗在人生道路上遇到了哪些挫折? 他是怎样对待生活中的磨难的?

答案: 少年丧母，寄人篱下。年轻时，他一直受着历任教皇的差遣，携带着痛苦去创造他并不满意的作品。后来卷入一场革命的漩涡，差一点儿丧命。他的一生就是从一个羁绊转到另一个羁绊。依靠坚强、乐观，他最终战胜各种不幸和困难，在艺术创作的道路上创造辉煌。

托尔斯泰传

一 "最近消失的光明"

╣章节导读╠

在圣洁光辉的沐浴下，你是否曾因无限接近崇高与神圣而获得心灵的舒展和自由？是否因博大与壮丽而激动鼓舞？本节表现了托尔斯泰作品的极大感染力，让我们感觉到了一种激情，一种对托尔斯泰崇高人格和灵魂的赞美之情。这样一个举世瞩目的思想家，在他尚未成熟的青涩时代，有着怎样的经历呢？

╣必考段落╠

俄罗斯的伟大的心魂，百年前在大地上发着光焰的，对于我的一代，曾经是照耀我们青春时代的最精纯的光彩。在十九世纪终了时阴霾重重的黄昏，它是一颗抚慰人间的巨星，它的目光足以吸引并慰抚我们青年的心魂。在法兰西，多少人认为托尔斯泰不只是一个受人爱戴的艺术家，而是一个朋友，最好的朋友，在全部欧罗巴艺术中唯一的真正的友人。既然我亦是其中的一员，我愿对于这神圣的回忆，表示我的感激与敬爱。

我懂得认识托尔斯泰的日子，在我的精神上将永不会磨灭。这是一八八六年，在幽密中胚胎萌蘖了若干年之后，俄罗斯艺术的美妙的花朵突然于法兰西土地上出现了。托尔斯泰与陀思妥耶夫斯基的译本在一切书店中同时发刊，而且是争先恐后般的速度与狂热。一八八五年至一八八七年间，在巴黎印行了《战争与和平》《安娜·卡列尼娜》《童年与少年》《波利库什卡》《伊万·伊里奇之死》，高加索短篇小说和通俗短篇小说，在几个月中，几个星期中，我们眼前发现了含有整个的伟大的人生的作品，反映着一个民族，一个簇新的世界的作品。

那时我初入高师。我和我的同伴们，在意见上是极不相同的。在我们的小团体中，有讥讽的现实主义思想者，如哲学家乔治·杜马，有热烈的追怀意大利文艺复兴的诗人，如苏亚雷斯，有古典传统的忠实信徒，有司汤达派与瓦格纳派，有无神论者与神秘主义者，掀起多少辩论，发生多少龃龉；但在几个月之中，爱慕托尔斯泰的情操使我们完全一致了。各人以各不相同的理由爱他：因为各人在其中找到自己；而对于我们全体又是人生的一个启示，开向广大的宇宙的一扇门。在我们周围，在我们的家庭中，在我们的外省，从欧罗巴边陲传来的巨声，唤起同样的同情，有时是意想不到的。有一次，在我故乡尼韦奈，我听见一个素来不注意艺术，对于什么也不关心的中产者，居然非常感动地谈着《伊万·伊里奇之死》。

我们的著名批评家曾有一种论见，说托尔斯泰思想中的精华都是汲取于我们的浪漫派作家：乔治·桑，维克多·雨果。不必说乔治·桑对于托尔斯泰的影响说之不伦，托尔斯泰是决不能忍受乔治·桑的思想的，也不必否认卢梭与司汤达对于托尔斯泰的实在的影响，总之不把他的伟大与魅力认为是由于他的思想而加以怀疑，是不应当的。艺术所赖以活跃的思想圈子是最狭隘的。他的力强并不在于思想本身，而是在于他所给予思想的表情，在于个人的调子，在于艺术家的特征，在于他的生命的气息。

不论托尔斯泰的思想是否受过影响——这我们在以后可以看到——欧罗巴可从没听到像他那种声音。除了这种说法之外，我们又怎么能解释听到这心魂的音乐时所感到的怀疑的激动呢？——而这声音我们已期待得那么长久，我们的需要已那么急切。流行的风尚在我们的情操上并无什么作用。我们之中，大半都像我一样，只在读过了托尔斯泰的作品之后才认识特·沃居埃著的《俄国小说论》；他的赞美比起我们的钦佩来已经逊色多了。因为特·沃居埃特别以文学家的态度批判。但为我们，单是赞赏作品是不够的：我们生活在作品中间，他的作品已成为我们的作品了。①我们的，由于他热烈的生命，由于他的心的青春。我们的，由于他苦笑的幻灭，由于他毫无怜惜的明察，由于他们与死的纠缠。我们的，由于他对于博爱与和平的梦想。我们的，由于他对于文明的谎骗，加以剧烈的攻击。且也由于他的现实主义，由于他的神秘主义。由于他具有大自然的气息，由于他对于无形的力的感觉，由于他对于无穷的眩惑。

这些作品之于今日，不啻《少年维特之烦恼》之于当时：是我们的力强、弱点、希望与恐怖的明镜。我们毫未顾及要把这一切矛盾加以调和，把这颗反映着全宇宙的复杂心魂纳入狭隘的宗教的与政治的范畴；我们不愿效法人们，学着布尔热于托尔斯泰逝世之后，以各人的党派观念去批评他。仿佛我们的朋党一旦竟能成为天才的度衡那样！……托尔斯泰是否和我同一党派，与我又有何干？在呼吸他们的气息与沐浴他们的光华之时，我会顾忌到但丁与莎士比亚是属于何党何派的么?

我们绝对不像今日的批评家般说:②"有两个托尔斯泰，一是转变以前的，一是转变以后的;一是好的，一是不好的。"对于我们，只有一个托尔斯泰，我们爱他整个。因为我们本能地感到在这样的心魂中，一切都有立场，一切都有关联。

考点提炼

1. 请分析划线句子①的修辞手法及作用。

答案:本句运用了排比的修辞手法，写出了托尔斯泰作品内容涉及面非常广，对人们思想的影响非常深刻。

2. 请分析划线句子②的修辞手法及作用。

答案:运用了对比的修辞手法，人们对托尔斯泰的解读是不同的，但却无法否认作品的影响力，从而突出了托尔斯泰的思想的感染力。

3. 托尔斯泰的作品在欧洲产生了怎样的影响?

答案:托尔斯泰的作品深刻揭露了俄国错综复杂的社会矛盾和急剧变化的历史状况，无情地揭露了贵族社会争权夺利的内幕，强烈的戏剧冲突，产生了巨大的道义谴责力量，是俄国文学史上的不朽之作。他的思想在当时的青年心中形成一种强烈的风潮。

4. 为什么作者和他那些争执不休的同学都爱托尔斯泰？

答案：因为托尔斯泰的作品表达的是对于生命的热爱，对于幻想破灭的苦笑，对于和平的梦想，抨击了人类卑劣的行径，表达出对大自然的向往，这些也是人们都在关注的话题。同时他的作品也表现着普通的希望与弱点，真实地展示着人类的心灵，不带任何偏见和色彩。

5. "我懂得认识托尔斯泰的日子，在我的精神上将永不会磨灭。"请联系前后文，分条归纳托尔斯泰对"我"的深刻影响。

答案：（1）托尔斯泰及其作品曾经是照耀"我"青春时代的最精纯的光彩。在 19 世纪终了时阴霾重重的黄昏，它是一颗抚慰人间的巨星，它的目光足以吸引并抚慰我们青年的心魂。（2）每个人都能在托尔斯泰的作品中找到自己，这些作品对于我们全体又是人生的一个启示，是开向广大的宇宙的一扇门。（3）托尔斯泰及其作品是我们的理想、弱点、希望与恐怖的明镜。

6. "总之不把他的伟大与魅力认为是由于他的思想而加以怀疑,是不应当的。"这句话主要针对何种现象而言?

答案:主要针对当时部分批评家的"托尔斯泰思想中的精华都是汲取于我们的浪漫派作家:乔治·桑,维克多·雨果"这一观点。

7. 结尾段的划线句表达了罗曼·罗兰怎样的思想感情?请结合全文阅读,简要分析。

答案:作者运用发展的、联系的眼光,从更广阔的视角审视托尔斯泰的价值,赞美了托尔斯泰对欧洲思想启蒙的重要意义,批判了部分批评家对托尔斯泰思想的孤立、静止的分析法。两个"一切",结合"只有一个"和"我们爱他",冷峻中表达出的,是浓郁的热爱之情。同时,也将自己的观点,旗帜鲜明地呈献给读者。

二 我的童年

章节导读

历史的长河,涤净所有的浮华与尘埃,只留下高贵的心灵。巨大的痛苦才有可能成就一位伟大的艺术家。童年的托尔斯泰痛失母爱父爱,这种痛苦砥砺着作家的人生,使他在以后的生活中和写作中获得动力和深邃的思想。托尔斯泰一生都在追求着他的信仰,可信仰与眼前的现实有着严重的冲突。生活的磨难是怎样成就了他的纯净的心灵呢?

必考段落

丰富的遗产,双重的世家(托尔斯泰与沃尔康斯基族),高贵的,古旧的,世裔一直可推到留里克,家谱上有承侍亚历山大大帝的人物,有七年战争中的将军,有拿破仑诸役中的英雄,有十二月党人,有政治犯。家庭的回忆中,好几个为托尔斯泰采作他的《战争与和平》中的最特殊的典型人物:如他的外祖父,老亲王沃尔康斯基,叶卡捷琳娜二世时代的伏尔泰式的专制的贵族代表;他的母亲的堂兄弟,尼古拉·格雷戈里维奇·沃尔康斯基亲王,在奥斯特利茨一役中受伤而在战场上救回来的;他的父亲,有些像尼古拉·罗斯托夫的;他的母亲,玛丽亚公主,这温婉的丑妇人,生着美丽的眼睛,丑的脸相,她的仁慈的光辉,照耀着《战争与和平》。

对于他的父母,他是不大熟知的。大家知道《童年时代》与《少年时代》中的可爱的叙述极少真实性。他的母亲逝世时，他还未满两岁。故他只在小尼古拉·伊尔捷涅耶夫的含泪的诉述中稍能回想到可爱的脸庞，老是显着光辉四射的微笑，使她的周围充满了欢乐……

"啊！如果我能在艰苦的时间窥见这微笑，我将不知悲愁为何物了……"《童年时代》第二章。

但她的完满的坦率，她的对于舆论的不顾忌，和她讲述她自己造出来的故事的美妙的天才，一定是传给他了。

他至少还能保有若干关于父亲的回忆。这是一个和蔼的诙谐的人，眼睛显得忧郁，在他的食邑中度着独立不羁、毫无野心的生活。托尔斯泰失怙的时候正是九岁。这死使他"第一次懂得悲苦的现实，心魂中充满了绝望"。《童年时代》第二十七章。——这是儿童和恐怖的幽灵的第一次相遇，他的一生，一部分是要战败它，一部分是在把它变形之后而赞扬它。……这种悲痛的痕迹，在《童年时代》的最后几章中有深刻的表露，在那里，回忆已变成追写他的母亲的死与下葬的叙述了。

在亚斯纳亚·波利亚纳的古老的宅邸中，他们一共是五个孩子。亚斯纳亚·波利亚纳意思是"栅栏"，是莫斯科南图拉城十余里外的一个小村，它所属的省份是俄罗斯色彩最重的一个省份。列夫·尼古拉耶维奇即于一八二八年八月二十八日诞生于这所屋里，直到八十二年之后逝世的时光才离开。五个孩子中最幼的一个是女的，名字叫玛丽亚，后来做了女修士。（托尔斯泰在临死时逃出了他自己的家，离别了家人，便是避到她那里去。）——四个儿子：谢尔盖，自私的，可爱的一个，"他的真诚的程度为我从未见过的"；——德米特里热情的，深藏的，在大学生时代，热烈奉行宗教，什么也不顾，持斋减食，寻访穷人，救济残废，后来突然变成放浪不羁，和他的虔诚一样暴烈，以后充满着悔恨，在娼家为一个妓女脱了籍和她同居，二十九岁时患肺痨死了；托尔斯泰在《安娜·卡列尼娜》中描写他，那个人物是列文的兄弟。——长子尼古拉是弟兄中最被钟爱的一个，从他母亲那里承受了讲述故事的幻想，他曾写过一部《猎人日记》。幽默的，胆怯的，细腻的性情，以后在高加索当军官，养成了喝酒的习惯，充满着基督徒的温情。他亦把他所有的财产尽行分赠穷人。屠格涅夫说他"在人生中实行卑谦，不似他的兄弟列夫徒在理论上探讨便自满了"。

在那些孩儿周围，有两个具有仁慈的心地的妇人：塔佳娜姑母，托尔斯泰说："她有两项德性：镇静与爱。"实际上她已是一个远戚。她曾爱过托尔斯的父亲，他亦爱她；但如《战争与和平》中的索尼娅一般，她退让。她的一生只是爱。她永远为他人舍身……"她使我认识爱的精神上的快乐……"另外一个是亚历山德拉姑母，她永远服侍他人而避免为他人服侍，她不用仆役，唯一的嗜好是读《圣徒行传》，和朝山的人与无邪的人谈话。好几个无邪的男女在他们家中寄食。其中有一个朝山进香的老妇，会背诵赞美诗的，是托尔斯泰妹妹的寄母。另外一个叫作格里莎的，只知道祈祷与哭泣……

"噢，伟大的基督徒格里莎！你的信仰是那么坚强，以至你感到和神迫近，你的爱是那么热烈，以至你的言语从口中流露出来，为你的理智无法驾驭。你颂赞神的庄严，而当你找不到言辞的时候，你泪流满面着匍匐在地下！……"《童年时代》第七章。

这一切卑微的心灵对于托尔斯泰的长成上的影响当然是昭然若揭的事。暮年的托尔斯泰似乎已在这些灵魂上萌蘖，试练了。他们的祈祷与爱，在儿童的精神上散播了信仰的种子，到老年时便看到这种子的收获。

除了无邪的格里莎之外，托尔斯泰在他的《童年时代》中，并没提及助长他心魂的发展的这些卑微人物。但在另一方面，书中却透露着这颗儿童的灵魂，"这颗精纯的、慈爱的灵魂，如一道鲜明的光华，永远懂得发现别人的最优的品性"，和这种极端的温柔！幸福的他，只想念着他所知道的不幸者，他哭泣，他愿对他们表现他的忠诚。他亲吻一匹老马，他请求原谅他使它受苦。他在爱的时候便感到幸福，即使他不被人爱亦无妨。人们已经窥到他未来的天才的萌芽：使他痛哭身世的幻想；他的工作不息的头脑，——永远努力要想着一般人所想的问题；他的早熟的观察与回忆的官能；在他一八七六年时代的自传式笔记中，他说他还能记忆襁褓与婴儿时洗澡的感觉。瑞士大诗人施皮特勒亦具有同样的记忆力，对于他初入世界时的形象记得清晰，他曾为此写了一整部的书。他的锐利的目光，——懂得在人家的脸容上，探寻他的苦恼与哀愁。他自言在五岁时，第一次感到，"人生不是一种享乐，而是一桩十分沉重的工作"。《初期回忆》。……

考点提炼

1. 托尔斯泰有着怎样特殊的身世？

答案：他出生在俄国，他的家族有显赫的历史，父亲有世袭的爵位，母亲是公爵的独生女儿，所以他是一个天生的贵族。但他的一生反而受其身份的困扰，无比痛苦。

2. 请思考，为什么托尔斯泰在遭受了失去父母的巨大痛苦之后，仍然能够保持积极向上的状态并创造出优秀的作品，难道仅仅是凭借他超人的毅力吗？

答案：他从小失去父母，由塔季扬娜·亚历山大罗芙娜姑母抚养长大，她性格善良坚强，富于自我牺牲精神，具有高度的责任感和自制力，对托尔斯泰一生的影响极大。

家有许多藏书，他常常阅读这些书籍，他那时就已经感受到了普希金诗歌的优美情调，揣摩出诗歌的细微含义。七岁时就写起日记来，具有丰富的想象力，耽于幻想，想在自己的一生中干一番惊天动地的事业。他对生活的看法有了变化，开始觉察到过去未曾留意的事物。开始思考生活不公平的问题。

三　高加索纪事

章节导读

本节叙述了托尔斯泰在喀山读书时的生活经历和这个时期的创作作品，展现了他这一时期作品的现实来源，我们可以清晰了解到他青年时代的各个阶段，以及这对以后的创作产生的影响，狂放不羁的思想感情让他在以后的生活中后悔不已，那么他的心态是怎样的？

然而不知不觉地，他为少年的热情、强烈的性感与夸大的自尊心所驱使，以至这种追求完美的信念丧失了无功利观念的性质，变成了实用的与物质的了。涅赫留多夫在他的《少年时代》中说："人所做的一切，完全是为了他的自尊心。"一八五三年，托尔斯泰在他的日记中写道："骄傲是我的大缺点。一种夸大的自尊心，毫无理智的；我的野心那么强烈，如果我必得在光荣与德性（我爱好的）中选择其一，我确信我将选择前者。"他的所以要求他的意志、肉体与精神达到完美，无非是因为要征服世界，获得全人类的爱戴。"我愿大家认识我，爱我。我愿一听到我的名字，大家便赞叹我，感谢我。"（《青年时代》第三章）他要取悦于人。

这却不是一件容易的事。他如猿子一般的丑陋：粗犷的脸，又是长又是笨重，短发覆在前额，小小的眼睛深藏在阴沉的眼眶里，瞩视时非常严峻，宽大的鼻子，往前突出的大唇，宽阔的耳朵。根据一八四八年他二十岁时的一幅肖像。因为无法改变这丑相，在童年时他已屡次感到绝望的痛苦，"我自己想，像我这样一个鼻子那么宽，口唇那么大，眼睛那么小的人，世界上是没有他的快乐的。"（《童年时代》第十七章）此外，他悲哀地说起"这副没有表情的脸相，这些软弱的，不定的，不高贵的线条，只令人想起那些乡人，还有这双太大的手与足"。(《童年时代》第一章）他自命要实现成为"一个体面人"。"我把人类分作三类：体面的人，唯一值得尊敬的；不体面的人，该受轻蔑与憎恨的；贱民，现在是没有了。"(《青年时代》第三十一章）这种理想，为要做得像别个"体面人"一样，引导他去赌博，借债，彻底的放荡。尤其当他逗留圣彼得堡的时期（一五四七年至一五四八年）一件东西永远救了他：他的绝对的真诚。

"你知道我为何爱你甚于他人，"涅赫留多夫和他说，"你具有一种可惊的少有的品性：坦白。"

"是的，我老是说出我自己也要害羞的事情。"《少年时代》第二十七章。

在他最放荡的时候，他亦以犀利的明察的目光批判。

"我完全如畜类一般地生活，"他在《日记》中写道，"我是堕落了。"

用着分析法，他仔仔细细记出他的错误的原因："一、犹疑不定或缺乏魄力；二、自欺；三、操切；四、无谓的羞惭；五、心绪恶劣；六、迷惘；七、模仿性；八、浮躁；九、不加考虑。"

即是这种独立不羁的判断，在大学生时代，他已应用于批评社会法统与知识的迷信。他瞧不起大学教育，不愿做正当的历史研究，为了思想的狂妄被学校处罚。这时代，他发现了卢梭，《忏悔录》《爱弥儿》。对于他，这是一个晴天霹雳。

"我向他顶礼。我把他的肖像悬在颈下如圣像一般。"和保尔·布瓦耶的谈话，见一九〇一年八月二十八日巴黎《时报》。

考点提炼

1. 文章刻画托尔斯泰的肖像，用了生动的比喻，读一读划线句子，试加以赏析。

答案：为勾画托尔斯泰的面部特征，作者用了比喻修辞；如猿子一般的丑陋，让读者对托翁的面部特征产生深刻的不同寻常的印象。对托尔斯泰的外貌普通、平庸一面的描写，不仅是对托尔斯泰肖像的真实刻画，同时也揭示了他是俄国人民大众的一员，而写他面容粗鄙、丑陋的一面，实际上是要反衬他眼睛的无比精美。

2. 为什么说托尔斯泰少年时代会有这样放荡不羁的倾向，可以说成是年轻人固有的冲动吗？是不是就这样简单？我们应从中吸取哪些教训？

答案:（1）托尔斯泰两岁丧母，九岁丧父，少年时代的托尔斯泰，不仅常为思想苦恼，还为自己丑陋的相貌感到绝望。他没有注重培养高雅的生活情趣，空虚、放荡等庸俗的生活情趣对他的成长产生了消极的影响。这绝不能看作是年轻人固有的冲动。

（2）列夫·托尔斯泰的人生经历，让我们看到：在生活中应摒弃庸俗的生活情趣，培养正当的兴趣爱好，丰富自己的文化生活，提升情趣，陶冶情操。

四　哥萨克

章节导读

当托尔斯泰来到了一个安宁的处所后，便又去找寻能安慰自己并使自己脱离世俗困扰和烦劳的解脱者。本节叙述了托尔斯泰在高加索读书时的生活经历和这个时期的创作作品，他始终在思考和探索，然而环境的变迁使他的思想和信仰不断地发生着变化，并体现在他的作品中。

但一八五〇年左右的托尔斯泰并没如涅赫留多夫那般忍耐。亚斯纳亚令他失望，他对于民众亦如对于优秀阶级一样地厌倦了；他的职分使他觉得沉重，他不复能维持下去。此外，他的债权人紧逼着他。一八五一年，他避往高加索，遁入军队中，在已经当了军官的他的哥哥尼古拉那里。

他一到群山环绕的清明的境域，他立刻恢复了，他重新觅得了上帝："昨夜，我差不多没有睡觉……我向神祈祷。一八五一年六月十一日，在高加索斯塔里-尤尔特的营地。我无法描写在祈祷时所感到的情操的甘美。我先背诵惯例的祷文，以后我又祈祷了长久。我愿欲什么十分伟大的，十分美丽的东西……什么？我不能说。我欲把我和'神'融和为一，我请求他原谅我的过失……可是不，我不请求这个，我感到，既然他赐予我这最幸福的时间，他必已原谅我了。我请求，而同时我觉得我无所请求，亦不能且不知请求。我感谢了他，不是用言语，亦不是在思想上……仅仅一小时之后，我又听到罪恶的声音。我在梦着光荣与女人的时候睡着了，这比我更强力。不打紧！我感谢神使我有这一刻看到我的渺小与伟大的时间。我欲祈祷，但我不知祈祷；我欲彻悟，但我不敢。我完全奉献给你的意志！"《日记》。

肉欲并未战败（它从没有被战败），情欲与神的争斗秘密地在心中进展。在《日记》中，托尔斯泰记述三个侵蚀他的魔鬼：

一、赌博欲　可能战胜的。

二、肉欲　极难战胜的。

三、虚荣欲　一切中最可怕的。

在他梦想着要献给别人而牺牲自己的时候，肉欲或轻浮的思想同时占据着他：某个高加索妇人的形象使他迷恋，或是"他的左面的胡须比右面的竖得高时会使他悲哀。"同前。（一八五一年七月二日）——"不妨！"神在这里，他再也不离开他了。即是斗争的骚乱也含有繁荣之机，一切的生命力都受着激励了。

"我想我当初要到高加索旅行的轻佻的思念，实在是至高的主宰给我的感应。神灵的手指点着我，我不息地感谢他。我觉得在此我变得好了一些，而我确信我一切可能的遭遇对于我只会是福利，既然是神自己的意志要如此……"一八五二年致他的塔佳娜姑母书。

这是大地向春天唱它感谢神恩的歌。它布满了花朵。一切都好，一切都美。一八五二年，托尔斯泰的天才吐出它初期的花苞:《童年时代》《一个绅士的早晨》《侵略》《少年时代》；他感谢使他繁荣的上帝。一幅一八五一年时代的肖像，已表现出他在心魂上酝酿成熟的转变。头举起着，脸色稍微变得清朗了些，眼眶没有以前那么阴沉，目光仍保有他的严厉的凝注，微张的口，刚在生长的胡须，显得没有神采，永远含着骄傲的与轻蔑的气概，但青年的蓬勃之气似乎占有更多的成分。

考点提炼

1. 如何理解文中划横线的句子？

答案：运用比喻修辞，将托尔斯泰心中的魔鬼一个一个地展示出来，层层递进，表明了他对虚荣心的憎恶。

2. 年轻的托尔斯泰，将自己不能理解的事情诉说给上帝，却又说上帝与他内心的情欲矛盾，为什么会出现这种情况？情欲是来自哪一方面的感情？

答案：托尔斯泰的宗教思想是一个矛盾的综合体。理想与现实的冲突，使托尔斯泰的内心时刻遭受着痛苦的煎熬。面对侵蚀他的三个魔鬼，他的理想是空想，他的宗教是麻醉剂。所以，他的一生永陷于理想与现实之间的无法解脱的矛盾之中。这个过程依然充满着艰辛与痛苦，可是他又不能不这样做。

五　塞瓦斯托波尔纪事

章节导读

　　托尔斯泰在幸福甜蜜的回忆中找回了生命的激情，增强了对生活的信心，他通过对作品的反思，表现了自觉地自我剖析和自我反省的精神。他在成年后评价自己的作品《童年时代》时，十分严厉地指出了自己的问题和缺陷。

必考段落

　　以后，托尔斯泰对于这部助他成名的著作《童年时代》，表示十分严酷的态度。

　　①"这是糟透了，"他和比鲁科夫说，"这部书缺少文学的诚实！……其中简直没有什么可取。"

　　但只有他一个人抱有这种见解。本书的原稿，不写作者的名字，寄给俄罗斯有名的大杂志《现代人》，立刻被发表了（一八五二年九月六日），而且获得普遍的成功，为欧罗巴全部的读者所一致确认的。然而，虽然其中含有魅人的诗意、细腻的笔致、精微的情感，我们很可懂得以后它会使托尔斯泰憎厌。

它使他憎厌的理由正是使别人爱好的理由。我们的确应当说：除了若干地方人物的记载与极少数的篇幅中含有宗教情操，与感情的现实意味朝山者格里莎，或母亲的死。足以动人之外，托尔斯泰的个性在此表露得极少。书中笼罩着一种温柔的感伤情调，为以后的托尔斯泰所表示反感，而在别的小说中所摒除的。这感伤情调，我们是熟识的，我们熟识这些幽默和热泪；它们是从狄更斯那里来的。在他八十一年的最爱的读物中，托尔斯泰在《日记》中说过是"狄更斯的《大卫·科波菲尔》巨大的影响。"他在高加索时还在重新浏览这部小说。

他自己所说的还有两种影响：斯特恩★十八世纪英国作家与特普费尔。"我那时，"他说，"受着他们的感应。"在致比鲁科夫的信中……

高加索，尤其使托尔斯泰唤引起他自己生命中所蓄藏的深刻的宗教性。人们对于这真理精神的初次昭示往往不加相当的阐发。他自己亦是以保守秘密为条件才告诉他青春时代的心腹，他的年轻的亚历山德拉·安德烈耶芙娜姑母。在一八五九年五月三日的一封信中，他向她"发表他的信仰":"儿时,"他说,"我不加思想,只以热情与感伤而信仰。十四岁时,我开始思虑着人生问题;而因为宗教不能和我的理论调和,我把毁灭宗教当作一件值得赞美的事……于我一切是明白的、论理的,一部一部分析得很好的,而宗教,却并没安插它的地位……以后,到了一个时期,人生于我已毫无秘密,但从那时起,人生亦开始丧失了它的意义。那时候——这是在高加索——我是孤独的,苦恼的。我竭尽我所有的精神力量,如一个人一生只能这样地做一次的那样……这是殉道与幸福的时期。从来(不论在此时之前或之后)我没有在思想上达到那样崇高的地位,我不曾有如这两年中的深刻的观察,而那时我所找到的一切便成为我的信念……在这两年的持久的灵智工作中,我发现一条简单的,古老的,但为我是现在才知道而一般人尚未知道的真理;我发现人类有一点不朽性,有一种爱情,为要永久幸福起见,人应当为了别人而生活。②这些发现使我非常惊讶,因为它和基督教相似;于是我不复向前探寻而到《圣经》中去求索了。但我找不到什么东西。我既找不到神,亦找不到救主,更找不到圣典,什么都没有……但我竭尽我灵魂的力量寻找,我哭泣,我痛苦,我只是欲求真理……这样,我和我的宗教成为孤独了。"

1. 如何理解文中划线句①的含义?

答案:本句通过语言描写,表现了托尔斯泰自觉地自我剖析和自我反省的精神。

2. 对于自己童年时代的作品《童年时代》,他为什么会有这样的厌恶?

答案:中篇小说《童年时代》主人公列文是托尔斯泰自传性式的人物,他的经历真实地反映了托尔斯泰的世界观激变前夕的精神状态,这是他步入文坛的处女作。在《童年时代》中,托尔斯泰通过对小主人公单纯而又富有诗意的内心世界的细微描写,展示了一个出身贵族家庭、聪颖、敏感儿童的精神成长过程。

《童年时代》中含有"迷人的诗意,细腻的笔触,精微的情感",使别人喜欢。但托尔斯泰本身的个性表现得很少,因此使其憎厌,而书中弥漫着的那种温情轻柔的感伤,也是为后来的托尔斯泰一直反感而在其他作品中所摒弃的。

3. 文中划线句②体现出托尔斯泰的思想发生了怎样的变化?

答案：托尔斯泰开始追求宗教，以摆脱追求真理无果的痛苦和烦恼。

六　三个死者

章节导读

托尔斯泰的战争生活对他的影响是巨大的，一连数月地生活在紧张和恐惧之中，与死神相对，他的内心始终没有停止过争斗，柔情还是残酷？希望还是绝望？一切都充斥在这位伟大作家的心中，让他很多时候找不到正确的方向，迷失在其中。

七　夫妇的幸福

章节导读

托尔斯泰回到城市和文人接触的时候，与当时所谓的主流不和，甚至鄙视那些市民文人，这一切都源于他的经历和永不疲惫的思想。是为艺术而艺术，还是为道德而艺术？

美好的爱情让人陶醉，让人的心境在不知不觉中改变着，沉浸在爱情中的托尔斯泰也在作品中抒发着这一点，一丝柔情和朦胧隐隐地出现在了作品中，可以感受到平和和安宁。

必考段落

托尔斯泰所尤其不能原谅这些文学家的，是他们自信为一种优秀阶级，自命为人类的首领。在对于他们的反感中，他仿佛如一个贵族、一个军官对于放浪的中产阶级与文人那般骄傲。在某次谈话中，屠格涅夫埋怨"托尔斯泰对于贵族出身的无聊的骄傲与自大"。还有一项亦是他的天性的特征，——他自己亦承认，——便是"本能地反对大家所承认的一切判断"。"我的一种性格，不论是好是坏，但为我永远具有的，是我不由自主地老是反对外界的带有传染性的影响：我对于一般的潮流感着厌恶。"（致比鲁科夫书）对于人群表示猜疑，对于人类理性含藏着幽密的轻蔑，这种性情使他到处发觉自己与他人的欺罔及谎骗。

"他永远不相信别人的真诚。一切道德的跃动于他显得是虚伪的。他对于一个为他觉得没有说出实话的人，惯用他非常深入的目光逼视着他……"屠格涅夫语。

"他怎样地听着！他用深陷在眼眶里的灰色的眼睛怎样地直视着他的对手！他的口唇抿紧着，用着何等的讥讽的神气！"格里戈罗维奇语。

屠格涅夫说，他从没有感得比他这副尖锐的目光，加上二三个会令人暴跳起来的恶毒的词句，更难堪的了。于也纳·迦尔希纳著:《关于屠格涅夫的回忆》。(一八八三年) 参看比鲁科夫著:《托尔斯泰——生活与作品》。

托尔斯泰与屠格涅夫第一次会见时即发生了剧烈的冲突。一八六一年，两人发生最剧烈的冲突，以致终身不和。屠格涅夫表示他的泛爱人间的思想，谈着他的女儿所干的慈善事业。可是对于托尔斯泰，再没有比世俗的浮华的慈悲使他更愤怒的了:——"我想，"他说，"一个穿装得很考究的女郎，在膝上拿着些龌龊的破衣服，不啻是扮演缺少真诚性的喜剧。"争辩于是发生。屠格涅夫大怒，威吓托尔斯泰要批他的颊。托尔斯泰勒令当时便用手枪决斗以赔偿名誉。屠格涅夫就后悔他的鲁莽，写信向他道歉。但托尔斯泰绝不原谅。却在二十年之后，在一八七八年，还是托尔斯泰忏悔着他过去的一切。在神前捐弃他的骄傲，请求屠格涅夫宽恕他。远离之后，他们都镇静下来努力要互相表示公道。但时间只使托尔斯泰和他的文学团体分隔得更远。他不能宽恕这些艺术家一方面过着堕落的生活，一方面又宣扬什么道德。

"我相信差不多所有的人，都是不道德的，恶的，没有品性的，比我在军队流浪生活中所遇到的人要低下得多。而他们竟对自己很肯定，快活，好似完全健全的人一样。他们使我憎厌。"《忏悔录》，全集卷十九。

他和他们分离了。但他在若干时期内还保存着如他们一样的对于艺术的功利观念。"在我们和疯人院间，"他说，"绝无分别。即在那时，我已模糊地猜度过，但和一切疯人一样，我把每个人都认为是疯子，除了我。"（同前）他的骄傲在其中获得了满足。这是一种酬报丰富的宗教，它能为你挣得"女人，金钱，荣誉……"

"我曾是这个宗教中的要人之一。我享有舒服而极有利益的地位……"

为要完全献身给它，他辞去了军队中的职务（一八五六年十一月）。

考点提炼

1. 托尔斯泰为什么会和屠格涅夫决裂？

答案：从战火中走出来的托尔斯泰从心底憎恶和蔑视那些有名的文学家们，不仅仅是创作风格不同，在他眼中，屠格涅夫等人终日谈论一些无聊的话题，一方面过着颓废的生活，另一方面却又在宣扬仁义道德，是那么的卑劣和龌龊。

2. 你如何看待托尔斯泰和屠格涅夫之间的关系？

答案：两位艺术巨匠从争吵发展到要求决斗。决裂的起因是微不足道的，友谊却因此中断了二十年。然而他们在评价对方时，并未因此贬低对方的艺术成就。两位文豪即使绝交仍能惺惺相惜，令一些普通人愧叹不已。

必考段落

这个过渡时期内，托尔斯泰的天才在摸索，在怀疑自己，似乎在不耐烦起来，"没有强烈的情欲，没有主宰一切的意志"，如《记数人日记》中的涅赫留多夫亲王一般，可是在这时期中产生了他迄今为止从未有过的精纯的作品：《夫妇间的幸福》（一八五九年）。全集卷五。这是爱情的奇迹。

许多年来，他已经和别尔斯一家友善。他轮流地爱过她们母女四个。童时，在一个嫉妒的争执中，他把他的游戏的伴侣，——未来的别尔斯夫人，那时只有九岁，从阳台上推下，以致她在长久的时期内成为跛足。后来他终于确切地爱上了第二个女郎，但他不敢承认。索菲娅·安德烈耶芙娜·别尔斯还是一个孩子：她只十七岁；他已经三十余岁：自以为是一个老人，已没有权利把他衰惫的、污损的生活和一个无邪少女的生活结合了。他隐忍了三年参看《夫妇间的幸福》中谢尔盖的倾诉："假定一位先生Ａ，一个相当地生活过了的老人，一个女子Ｂ，年轻的，既不认识男子亦不认识人生。由于种种家庭的环境，他如爱女儿一般地爱她，想着不能用另一种方式去爱她……"以后，他在《安娜·卡列尼娜》中讲述他怎样对索菲娅·别尔斯宣露他的爱情和她怎样回答他的经过，——两个人用一块铅粉，在一张桌子上描画他们所不敢说的言辞的第一个字母。如《安娜·卡列尼娜》中的列文一般，他的极端的坦白，使他把《日记》给他的未婚妻浏览，使她完全明了他过去的一切可羞的事；亦和《安娜·卡列尼娜》中的基蒂一样，索菲娅为之感到一种极端的痛苦。一八六二年九月二十三日，他们结婚了。

但以前的三年中，在写《夫妇间的幸福》时，这婚姻在诗人的思想上已经完成了。在这部作品中，也许他还加入若干回忆；一八五六年他在亚斯纳亚写过一部爱情小说没有完成，其中描写一个和他十分不同的少女，十分轻佻与浮华的，为他终于放弃了的，虽然他们互相真诚地爱恋。在这三年内，他在生活中早已体验到：爱情尚在不知不觉间的那些不可磨灭的日子，爱情已经发露了的那些醉人的日子，期待中的神圣幽密的情语吐露的那时间，为了"一去不回的幸福"而流泪的时间，还有新婚时的得意，爱情的自私，"无尽的、无故的欢乐"；接着是厌倦，模模糊糊的不快，单调生活的烦闷，两颗结合着的灵魂慢慢地分解了，远离了，更有对于少妇含有危险性的世俗的迷醉，——如卖弄风情，嫉妒，无可挽救的误会——于是爱情掩幕了，丧失了；终于，心的秋天来了，温柔的、凄凉的景况，重现的爱情的面目变得苍白无色，衰老了，因了流泪，皱痕，各种经历的回忆，互相损伤的追悔，虚度的岁月而更凄恻动人；——以后便是晚间的宁静与清明，从爱情转到友谊，从热情的传奇生活转到慈祥的母爱这个庄严的阶段……应当临到的一切，一切，托尔斯泰都已预先梦想到，体味到。而且为要把这一切生活得更透彻起见，他便在爱人身上实验。第一次——也许是托尔斯泰作品中唯一的一次，——小说的故事在一个妇人心中展演，而且由她口述。何等的微妙！笼罩着贞洁之网的心灵的美……这一次，托尔斯泰的分析放弃了他微嫌强烈的光彩，它不复热烈地固执着要暴露真理。内心生活的秘密不是倾吐出来而唯令人窥测得到。托尔斯泰的艺术与心变得柔和了。形式与思想获得和谐的均衡：《夫妇间的幸福》具有一种拉辛式作品的完美。

婚姻，为托尔斯泰已深切地预感到它的甜蜜与骚乱的，确是他的救星。他是疲乏了，病了。厌弃自己，厌弃自己的努力。在最初诸作获得盛大的成功之后，继以批评界的沉默与群众的淡漠。自一八五七年至一八六一年。他高傲地表示颇为得意。

"我的声名丧失了不少的普遍性，这普遍性原使我不快。现在，我放心了，我知道我有话要说，而我有大声地说的力量。至于群众，随便他们怎样想罢！"一八五七年十月《日记》。

但这只是他的自豪而已：他自己也不能把握他的艺术。无疑的，他能主宰他的文学工具，但他不知用以做什么。像他在谈及《波利库什卡》时所说的："这是一个会执笔的人抓着一个题目随便饶舌。"一八六三年致费特书。(《托尔斯泰——生活与作品》)他的社会事业流产了，一八六二年，他辞去了地方仲裁人的职务。同年，警务当局到亚斯纳亚·波利亚纳大事搜索，把学校封闭了。那时托尔斯泰正不在家，因为疲劳过度，他担心着肺病。

"仲裁事件的纠纷为我是那么难堪，学校的工作又是那么空泛，为了愿教育他人而要把我应该教授而为我不懂得的愚昧掩藏起来，所引起的怀疑，于我是那么痛苦，以致我病倒了。如果我不知道还有人生的另一方面可以使我得救的话——这人生的另一方面便是家庭生活，也许我早已陷于十五年后所陷入的绝望了。"《忏悔录》。

考点提炼

托尔斯泰感情的失败也许情有可原，但在工作中、与人交际中的多次失败，也全部由于外界原因吗？你认为托尔斯泰是不是也有什么不足呢？

答案：我认为托尔斯泰在工作中、与人交际中的多次失败，不能全部归咎于外界原因。虽然他一直瞧不起大家，可是他们（包括屠格涅夫）仍然在恭维着年轻的托尔斯泰，因为他是作家、是英雄。他的天性就是怀疑一切，反对大家所承认的一切，尤其对那些时尚的、流行的思想感到厌恶，所以说托尔斯泰自身也存在不足。

八　战争与和平

章节导读

美好的爱情带来了幸福和安宁，催生出《战争与和平》这部表达人类思想的巅峰之作。如同在广阔的天空，翱翔着一个王者的灵魂——从容地飞翔，如傲视群雄的鹰，那是伟大的艺术之神，内心温柔的严肃教徒，他磅礴的激情和深深的痛与爱震撼了全世界。

九　安娜·卡列尼娜

章节导读

托尔斯泰进入创作的高峰期后，写出了气势恢弘的巨著《战争与和平》和《安娜·卡列尼娜》。而在写《安娜·卡列尼娜》的时候，他的生活受到了家庭中许多丧事的影响，对于一个时刻都在怀疑、追求无止境的人来说，有谁能和他的思想同步？他幸福的婚姻生活会一直持续下去吗？

必考段落

《安娜·卡列尼娜》中有这样的一段："列文，被爱着，很幸福，做了一家之主，他亲手把一切武器藏起来，仿佛他恐怕要受着自杀的诱惑一般。"这种精神状态并非是托尔斯泰及其书中人物所特有的。托尔斯泰看到欧罗巴，尤其是俄罗斯的小康阶级的自杀之多不胜讶异。他在这时代的作品中时常提及此事。我们可说在一八八〇年左右，欧洲盛行着精神萎靡症，感染的人不下数千。那时代正是青年的人，如我一般，都能记忆此种情况；故托尔斯泰对此人类的危机的表白实有历史的价值。他写了一个时代的悲剧。"我觉得我的生命好似什么人和我戏弄的一场恶作剧。四十年的工作，痛苦，进步，使我看到的却是一无所有！什么都没有。将来，我只留下一副腐蚀的骸骨与无数的虫蛆……只在沉醉于人生的时候一个人才能生活；但醉意一经消灭，便只看见一切是欺诈，虚妄的欺诈……家庭与艺术已不能使我满足。家庭，这是些和我一样的可怜虫。艺术是人生的一面镜子。当人生变得无意义时，镜子的游戏也不会令人觉得好玩了。最坏的，是我还不能退忍。我仿佛是一个迷失在森林中的人，极端愤恨着，因为是迷失了，到处乱跑不能自止，虽然他明白多跑一分钟，便更加迷失得厉害……"

他的归宿毕竟在于民众身上。托尔斯泰对于他们老是具有"一种奇特的，纯粹是生理的感情"，《忏悔录》。他在社会上所得的重重的幻灭的经验从没有动摇他的信念。在最后几年中，他和列文一样对于民众接近得多了。这时代的他的肖像证明他的通俗性。克拉姆斯科伊的一幅画像（一八七三年）表现托尔斯泰穿着工衣，俯着头，如德国的基督像。在另外一幅一八八一年的肖像中，他的神气宛如一个星期日穿扮齐整的工头：头发剪短了，胡须与鬓毛十分凌乱；面庞在下部显得比上面宽阔；眉毛蹙紧，目光无神，鼻孔如犬，耳朵极大。他开始想着，他那些自杀、自己麻醉的学者、富翁，和他差不多过着同样绝望的生活的有闲阶级的狭小集团之外，还有成千成万的生灵。他自问为何这些千万的生灵能避免这绝望，为何他们不自杀。他发觉他们的生活，不是靠了理智，而是——毫不顾虑理智——靠了信仰。这不知有理智的信仰究竟是什么呢？

"信仰是生命的力量。人没有信仰，不能生活。宗教思想在最初的人类思想中已经酝酿成熟了。信仰所给予人生之谜的答复含有人类的最深刻的智慧。"

那么，认识了宗教书籍中所列举的这些智的公式便已足够了吗？——不，信仰不是一种学问，信仰是一种行为；它只在被实践的时候，才有意义。一般"思想圆到"之士与富人把宗教只当作一种"享乐人生的安慰"，这使托尔斯泰颇为憎厌，使他决意和一般质朴的人混在一起，只有他们能使生命和信仰完全一致。

他懂得："劳动民众的人生即是人生本体，而这种人生的意义方是真理。"

但怎样使自己成为民众而能享有他的信心呢？一个人只

知道别人有理亦是徒然的事；要使我们成为和他们一样不是仅我们自己就可办到的。我们徒然祈求上帝，徒然张着渴望的臂膀倾向着他。上帝躲避我们，哪里抓得住他呢？

考点提炼

《安娜·卡列尼娜》与《战争与和平》，你在阅读中发现写作风格上有哪些区别？发生了怎样的变化？

答案：《安娜·卡列尼娜》是继《战争与和平》之后，托尔斯泰带给世人的一部更为完美的作品，支配作品的思想更显成熟，艺术手法的运用日臻炉火纯青，同时作者也具有更丰富的经验，心灵于他已无秘密可言，但它却少了青春的火焰、热情的朝气和宏大的气势。如果说以前的托尔斯泰对于这个社会还抱有一些理想的幻想的话，那么，在这部作品中，他已经开始强烈地批评当时的俄国社会了。这部著作是托尔斯泰创作思想转变的标志性作品，从此，他成为一个伟大的批判现实主义作家。

十 《忏悔录》与宗教狂乱

章节导读

列文作为托尔斯泰在作品中的化身，却又比托尔斯泰更高一筹，多的就是那份安静，是托尔斯泰本人向往却得不到的，因而他渐渐地厌烦了。他的最真挚的情感在本节中流露出来，让我们共同品味他内心深处无奈和无穷无尽的痛苦，悠长而又无法摆脱。他寄托于信仰，但他心中的信仰是真正实践出来，而不是庸俗地接受它；他求助于上帝，渴望借助神的力量来解决自己的人生问题，开拓并找到心灵的慰藉。

十一　我们应当做什么？

　　本章节主要介绍了托尔斯泰的《我们应当做什么？》。我们可以看到托尔斯泰对俄国黑暗的社会现实的不满及揭露，还有他对社会罪恶的抵制与对自身的忏悔。可以清晰看出托尔斯泰伟大的人格和战斗精神。

必考段落

　　因为他不能有伪君子般的信心，那种自得自满的信心。因为他没有神秘思想家的自利主义，只顾自己的超升而不顾别人，对于那些"为自己而不为别人的苦行者"，托尔斯泰屡次表示反感。他把他们与骄傲而愚昧的革命家放在同一类型内，"他们自命要施善于人，可还不知道他们自己需要什么……"托尔斯泰说："我以同样的爱情爱这两种人，但我亦以同样的憎恨恨他们的主义。唯一的主义是激发一种有恒的活动，支配一种适应心魂企望的生活，而努力筹思实现他人的幸福。基督的主义便是这样的，它既无宗教的安息情调，亦无那般革命家般徒唱高调不知真正的幸福为何物的情境。"因为他怀有博爱，因为他此刻再不能忘记他所看到的惨状，而在他热烈的心的仁慈中他们的痛苦与堕落似乎是应由他负责的，他们是这个文明的牺牲品，而他便参与着这个牺牲了千万生灵以造成的优秀阶级，享有这个魔鬼阶级的特权。接受这种以罪恶换来的福利，无异于共谋犯。在没有自首之前，他的良心不得安息了。

《我们应当做什么？》（一八八四年至一八八六年）全集卷二十六。便是这第二次错乱病的表白，这次的病比第一次的更为悲剧化，故它的后果亦更重大。在人类的苦海中，实在的，并非一般有闲的人在烦恼中造作出来的苦海中，托尔斯泰个人的宗教苦闷究竟算得什么呢？要不看见这种惨状是不可能的。看到之后而不设法以任何代价去消除它亦是不可能的。——可是，啊！消除它是可能的么？

一幅奇妙的肖像，我见了不能不感动的，说出托尔斯泰在这时代所感的痛苦。一八八五年时代的照相，见全集版《我们应当做什么？》中插图。他是正面坐着，交叉着手臂，穿着农夫的衣服；他的神气颇为颓丧。他的头发还是黑的，他的胡髭已经花白。他的长须与鬓毛已经全白了。双重的皱痕在美丽宽广的额角上画成和谐的线条。这巨大的犬鼻，这副直望着你的又坦白又犀利又悲哀的眼睛，多少温和善良啊！它们看得你那么透彻。它们不啻在为你怨叹，为你可惜。眼眶下划着深刻的线条的面孔，留着痛苦的痕迹。他曾哭泣过。但他很强，准备战斗……

托尔斯泰是受了他和另一个农人苏塔耶夫的影响："我一生，在道德上受了两个俄国思想家的影响，他们使我的思想更为充实，为我解释了我自己的宇宙观：这两个人是农民苏塔耶夫与邦达列夫。"（见前书）在本书中，托尔斯泰描写苏塔耶夫的相貌，记有与他的谈话录。

托尔斯泰为预先答复特殊阶级的嘲笑起见，说肉体的劳作决不会摧残灵智的力量，反而助它发展，适应本性的正常的需要。健康只会因之更加增进，艺术也因之进步。而且，它更能促进人类的团结。

在他以后的作品中，托尔斯泰又把这些保持精神健康的方法加以补充。他殚精竭虑地筹思如何救治心魂，如何培养元气，同时又须排除麻醉意识的畸形的享乐和灭绝良知的残酷的享乐。一八九五年发行的《烟草与酒精》，又名《畸形的享乐》，俄罗斯原文中又注着：《为何人们会麻醉》。《残忍的享乐》，印行于一八九五年，中分：肉食者，战争，行猎。他以身作则。

一八八四年，他牺牲了他最根深蒂固的嗜好：行猎。托尔斯泰克制他这件嗜好是费了不少苦心，因为行猎是他最心爱的一种消遣，这且是他的父亲遗传给他的。他不是感伤的人，他亦不见得对于兽类有何怜悯。他的眼睛简直不大注视这些畜类的——有时是那么富于表情的——眼睛。除了马，他具有一切贵族的癖好。实际上，他具有残忍的本能。他曾讲起他一棍打死了狼时，他感有一种特殊的快感。他的后悔的情操，发现得很晚。他实行持斋以锻炼意志，宛如一个运动家自己定下严厉的规条，迫使自己奋斗与战胜。

《我们应当做什么？》这是托尔斯泰离开了宗教默想的相当的平和，而卷入社会漩涡后所取的艰难的途径的第一程。这时候便开始了这二十载的苦斗，孤独的亚斯纳亚老人在一切党派之外，（并指责他们，）与文明的罪恶与谎言对抗着。

考点提炼

分析为什么说托尔斯泰有了信念，怎么又悲伤苦恼了呢？

答案：因为他没有伪善者的信念，没有那种得意、自满的信念；因为他没有神秘思想家的自私自利，没有那种只想着自己的超生而不管他人的得救的自私自利；因为他心中有爱，因为他现在已不再能忘记他所见到的那些悲惨的人，而且，在他那颗善良仁慈的心灵中，他觉得自己应该对他们的痛苦与堕落负责：他们是这个文明的受害者，而他则参与了这一文明，是牺牲了成百上千万的人而换来的一个精英阶层的特权的享有者。接受这种罪恶所换来的福利，也就是参与了这种罪恶。不揭露这些罪恶的话，他的良心就再也无法得到安宁。

十二　我信仰的寄托

章节导读

托尔斯泰的文学之路戏剧性地插入了一个小插曲，他开始不务正业研究起宗教。看似略有突兀，但对于介绍托尔斯泰以后思想的变化意义重大。

十三　艺术论

　　本章节介绍了托尔斯泰的科学与艺术的观点，同时用其他许多人、现象、观点与之对比，一方面突出了托尔斯泰的伟大和正确，另一方面也是对其他伪科学、伪艺术的无情而尖锐的批判，效果十分明显，立场十分坚定。

十四　《通俗故事》《黑暗之力》《伊万·伊里奇之死》《克勒策奏鸣曲》

　　本章节中，作者带领我们阅读作品，并结合作品去体现他的人生观、世界观、价值观。可以看出，托尔斯泰从生活和民间去吸取养分，获得自己独特的文学价值观；另外，他善于用自己的语言表达去驾驭自己的观点和理念，以获得特殊的效果。

十五　复活

章节导读

　　本章节介绍托尔斯泰的另外一部伟大的经典著作《复活》，作者主要是从艺术手法和艺术主题来分析和介绍这部作品的，通过采用比喻、对比、引用等修辞手法，将原著的内容和评价完美融合，分析极为透彻到位。

十六　托尔斯泰之社会思想

章节导读

　　本章节作者对托尔斯泰人生最后阶段的作品进行介绍和

解释，如《战争与革命》《大罪恶》《世纪末》。这几部作品是当时社会一个真实的反映，同时也映射出托尔斯泰的心态和思想，映射出托尔斯泰对社会出路的看法。

十七 "他的面目确定了"

章节导读

本章节是走向尾声部分的一个铺垫，描写了托尔斯泰在人生的最后阶段在思想上的变化和在文学创作上的反映。叙述基调也由激情四溢转向略带悲伤的平静。虽然如此，我们还是能够体会到托尔斯泰那种战斗直到死亡的伟大精神。

必考段落

他的面貌有了确定了的特点，由于这特点，他的面貌永远铭刻于人类的记忆中：宽广的额上划着双重的皱痕，浓厚的雪白的眉毛，美丽的长须，令人想起第戎城中的摩西像。苍老的脸容变得温和了；它留着疾病，忧苦，与无边的慈爱的痕迹。从他二十岁时的粗暴犷野，塞瓦斯托波尔从军时的呆板严肃起，他有了多少的变化！但清明的眼神仍保有它锐利逼人的光芒，表示无限的坦白，自己什么也不掩藏，什么也不能对他有何隐蔽。

…………

托尔斯泰很悲哀，可不失望。他信奉上帝，他相信未来：以后的事实证明他是不差的，上帝对于他的恩惠完全报答了。在他逝世前数月，在非洲的极端，甘地的救世的声音传到了。"这将是完满之至百，如果人们能够在一霎间设法长成一个森林。不幸，这是不可能的，应当要等待种子发芽，长成，生出绿叶，最后才由树干长成一棵树。"一九〇五年，《告政治家书》。

但要长成一个森林必须要许多树，而托尔斯泰只有一个人。光荣的，但是孤独的。全世界到处都有人写信给他：回教国，中国，日本，人们翻译他的《复活》，到处流传着他关于"授田于民"的主义。在《大罪恶》的篇末，我们可以找到《告被统治者书》。美国的记者来访问他；法国人来征询他对于艺术或对于政教分离的意见。一九〇六年十一月七日致保尔·萨巴捷尔书。但他的信徒不到三百，他自己亦知道。且他也不筹思去获得信徒。他拒绝朋友们组织"托尔斯泰派"的企图。

....

而他幻想着这小说的题材，这小说证明列文或皮埃尔·别祖霍夫的烦闷在心中还未熄灭："我时常想象着一个在革命团体中教养长大的人，最初是革命党，继而平民主义者，社会主义者，正教徒，阿多山上的僧侣，以后又成为无神论者，家庭中的好父亲，终于变成高加索的杜霍博尔人。他什么都尝试，样样都放弃，人们嘲笑他，他什么也没有做，在一座收留所中默默无闻地死了。在死的时候，他想他糟蹋了他的人生。可是，这是一个圣者啊！"也许这里是在涉及《一个杜霍博尔人的故事》。

那么，他，信心那么丰满的他，心中还有怀疑么？——谁知道？对于一个到老身体与精神依然壮健的人，生命是决不能停留在某一点思想上的。生命还须前进。

"动，便是生。""想象一切人类完全懂得真理而集合在一起住在岛上。这是不是生活？"（一九〇一年三月致一个友人书）

在他生命的最后几年中，他多少事情都改变了。他对于革命党人的意见转变了没有呢？谁又能说他对于无抵抗主义的信心丝毫没有动摇？——在《复活》中，涅赫留多夫和政治犯们的交往证明他对于俄国革命党的意见已经变易了。

至此为止，他所一向反对他们的，是他们的残忍，罪恶的隐蔽，行凶，自满，虚荣。但当他更迫近地看他们时，当他看到当局如何对待他们时，他懂得他们是不得不如此的。

他佩服他们对于义务具有高卓的观念，整个的牺牲都包括在这观念中了。

但自一九〇〇年起，革命的潮流开始传布扩大了，从知识分子出发，它侵入民众阶级，它暗中震撼着整千整万的不幸者。他们军队中的前锋，在亚斯纳亚·波利亚纳托尔斯泰住所窗下列队而过。《法兰西水星》杂志所发表的三短篇，一九一〇年十二月一日。为托尔斯泰暮年最后的作品的一部分，令人窥见这种情景在他精神上引起多少痛苦多少凄惶。在图拉田野，走过一队队质朴虔敬的巡礼者的时间，如今在哪里。此刻是无数的饥荒者在彷徨流浪。他们每天都有得来。托尔斯泰和他们谈过话，发现他们胸中的愤恨为之骇然；他们不复如从前般把富人当为"以施舍作为修炼灵魂的人，而是视为强盗，喝着劳动民众的鲜血的暴徒"。其中不少是受过教育的，破产了，铤而走险地出此一途。

…………

在此，我们触及他最后几年——当说他的最后三十年吧？——的最苦痛的一点，而这一点，我们只应当以虔诚的手轻轻地加以抚摩：因为这痛苦，托尔斯泰曾努力想保守秘密，而且这痛苦不只属于死者，而亦属于其他的生者，他所爱的，爱他的人们了。

他始终不能把他的信心感染给他最亲爱的人，他的夫人，他的儿女。我们已见到这忠实的伴侣，勇敢地分担他的生活与他的艺术工作，对于他的放弃艺术信仰而去换一个为她不了解的道德信仰，感有深切的苦痛。托尔斯泰看到自己不被他最好的女友懂得，痛苦亦不下于她。

"我全个心魂都感到，"他写信给丹奈洛摩说，"感到下列几句话的真切：丈夫与妻子不是两个分离着的生物，而是结合为一的；我热愿把我能有时借以超脱人生之苦恼的宗教意识，传递一部分给我的妻子。我希望这意识能够，当然不是由我，而是由上帝传递给她，虽然这意识是女人们所不大能达到的。"一八九二年五月十六日。托尔斯泰那时看见他的夫人为了一个男孩的死亡而痛苦着，他不知如何安慰她。

这个志愿似乎没有被接纳。托尔斯泰伯爵夫人爱"和她结合为一的"伟大的心魂的仁慈，爱他心地的纯洁，爱他坦白的英雄气；她窥见"他走在群众之前，指示人类应取的途径"；一八八三年一月书。当神圣宗教会议开除他的教籍时，她勇敢地为他辩护，声称她将分任她的丈夫所能遭逢的危险。但她对于她不相信的事情不能佯为相信；而托尔斯泰亦是那么真诚，不愿强令她佯为信从——因为他恨虚伪的信仰与爱，更甚于完全的不信仰与不爱。"我从来不责备人没有宗教。最坏的是当人们说谎时，佯作信奉宗教。"此外又言："如果上帝假装爱我们，这是比恨我们更糟。"因此，他怎么能强迫不相信的她改变她的生活，牺牲她和她的儿女们的财产呢？

和他的儿女们，龃龉似乎更深。勒鲁瓦·博利厄氏曾在亚斯纳亚·波利亚纳见过托尔斯泰，说"在食桌上，当父亲说话时，儿子们竟不大遮掩他们的烦恼与不信任"。见一九一〇年十二月十五日巴黎《两球杂志》。他的信仰只稍稍感染了他的三位女儿，其中一个，他最爱的玛丽亚，那时已经死了。保尔·比鲁科夫最近在德译本中发表一部托尔斯泰与他的女儿玛丽亚的通信。他在家人中间，精神上是完全孤独的。懂得他的"仅有他的幼女和他的医生"。见一九一〇年十二月十五日巴黎《两球杂志》。

他为了这思想上的距离而苦恼，他为了不得不敷衍的世俗的交际而苦恼，世界上到处有人来访问他，那些美国人，那些趋尚时髦的轻浮之士使他非常厌倦；他亦为了他的家庭生活所强迫他享受的"奢侈"而苦恼。其实亦是最低限度的奢侈，如果我们相信在他家里见过他的人的叙述的话，严肃冷峻的家具，他的小卧室内，放着一张铁床，四壁秃露无一物！但这种舒适已使他难堪：这是他永远的苦恼。在《法兰西水星》的第二短篇中，他悲苦地把周围的惨状和他自己家中的享用作对比。

一九〇三年时，他已写道："我的活动，不论对于若干人士显得是如何有益，已经丧失了它大半的重要性，因为我的生活不能和我所宣传的主张完全一致。"一九〇三年十二月十日致一个友人书。

他真是如何的不能实现这一致！他既不能强迫他的家族弃绝人世，也不能和他们与他们的生活分离，——使他得以摆脱他的敌人们的攻击，说他是伪善，说他言行不一致！

他曾有过思念。长久以来，他已下了决心。人们已觉得并发表了他于一八九七年六月八日写给他的妻子的信。见一九一〇年十二月二十七日《费加罗》日报，这封信，在他死后，由他们的女婿奥博连斯基亲王交给托尔斯泰伯爵夫人。这是数年之前，托氏把这封信付托给女婿的。这封信之外更附有另一封信，涉及他们夫妇生活的私事的。此信为托尔斯泰伯爵夫人阅后毁去。（见托尔斯泰的长女塔佳娜·苏霍京夫人的叙述）应当在此全部转录出来。再没比这封信更能抉发他的热爱与苦痛的心魂的了："长久以来，亲爱的索菲娅，我为了我的生活与我的信仰的不一致而痛苦。我不能迫使你改变你的生活与习惯。迄今为止，我也不能离开你，因为我想我离开之后，我将失掉我能给予你的还很年轻的孩子们的小小的影响，而我将使你们大家非常难过。但我不能继续如过去的十六年般的生活，这种痛苦的情况自一八八一年，即在莫斯科所度的那个冬天起即已开始，那时候即托尔斯泰初次发现社会惨状。有时是对你们抗争使你们不快，有时我自己陷于我所习惯的周围的诱惑与影响中间不能振作。我此刻决心要实行我已想了好久的计划：走……如印度人一般，到了六十岁的时候到森林中去隐居，如一切信教的老人一般，愿将他的残年奉献给上帝，而非奉献给玩笑，说幽默话，胡闹，打网球，我亦是，在这七十岁左右的时节，我在全个心魂的力量上愿静穆，孤独，即非完满的一致，至少亦不要有在我一生与良心之间争斗的不一致。如果我公开地走，一定会引起你们的祈求，辩论，我将退让，或者就在我应当实行我的决心的时候就没有实行。因此我请你们宽恕我，如果我的行动使你们难过。尤其是你，索菲娅，让我走罢，不要寻找我，不要恨我，不要责备我。我离开你这个事实并不证明我对你有何不慊……我知道你不能，你不能如我一样地思想与观察，故你不能改变你的生活，不能为了你所不承认的对象做何牺牲。因此，我一点儿也不埋怨你；相反，我满怀着爱与感激来回忆我们三十五年的冗长的共同生活，尤其是这时期的前半期，你用你天赋的母性中的勇敢与忠诚，来负起你所承认的你的使命。你对于我，对于世界，你所能给予的已经给予了。你富有母爱，尽了极大的牺牲……但在我们的生活的后半部，在这最近的十五年间，我们是分道扬镳了。我不能相信这是我的错误；我知道我改变了，可这既非为了享乐，亦非为了别人，而是为了我不得不如此之故。我不能责备你丝毫没有跟从我，我感谢你，且我将永远怀着真挚的爱想起你对于我的赐予。——别了，我亲爱的索菲娅。我爱你。"

"我离开你这事实……"实际他并未离开她。——可怜的信！对于他，写了这信似乎已足够，似乎已经完成了他的决心……写完了，他的决断的力量已经用尽了。——"如果我公开地走，一定会引起你们的祈求，辩论，我将退让……"可是于他不需什么"祈求""辩论"，他只要一刻之后，看到他要离开的一切时，他便感到他不能，他不能离开他们了；他衣袋中的信，就此藏在一件家具内，外面注着："我死后，将此交给我的妻，索菲娅·安德烈耶芙娜。"他的出亡的计划至此为止。

这是他的力的表现么？他不能为了他的上帝而牺牲他的温情么？——当然，在基督教名人录中，不乏更坚决的圣者，会毫不踌躇地摈弃他们与别人的感情……怎么办呢？他决非是这等人。他是弱者。他是人。为了这，我们才爱他。

十五年前，在极端怆痛的一页中，他自问："那么，列夫·托尔斯泰，你是否依照你所宣扬的主义而生活？"

他痛苦地答道：

"我羞愧欲死，我是罪人，我应当被人蔑视……可是，请把我过去的生活和现在的比一比罢。你可以看到我在寻求依了上帝的律令而生活的方法。我没有做到我应做的千分之一，我为此而惶愧，但我的没有做到并非因为我不愿而是因为我不能……指斥我罢，可不要指斥我所遵循的道路。如果我认识引领到我家里去的道路而我如醉人一般踉踉跄跄地走着，这便可说是我所取的路是坏路吗？不是请你指点我另一条路，就是请支持我去遵循真理的路，而我已完全准备受你支持了。可不要冷落我，不要把我的破灭引为乐事，不要高兴地喊：'瞧啊！他说他要走到家里，而他堕入泥洼中去了！'不，不要幸灾乐祸，但请助我，支持我！离他的死更近的时候，他又重复着说：

"我不是一个圣者，我从来不自命为这样的人物。我是一个任人驱使的人，有时候不完全说出他所思想他所感觉着的东西；并非因为他不愿，而是因为他不能，因为他时常要夸大或彷徨。在我的行为中，这更糟了。我是一个完全怯弱的人，具有恶习，愿侍奉真理之神，但永远在颠蹶，如果人们把我当作一个不会有何错误的人，那么，我的每项错误皆将显得是谎言或虚伪。但若人们视我为一个弱者，那么，我的本来面目可以完全显露，这是一个可怜的生物，但是真诚的，他一直要而且诚心诚意地愿成为一个好人，上帝的一个忠仆。"

　　这样的，他为良心的责备所苦，为他的更坚毅的但缺少人间性的信徒们的无声的埋怨所抨击，为了他的怯弱，他的踟蹰不决而痛心，老是在家族之爱与上帝之爱间徘徊，——直到一天，一时间的绝望，或是他临死前的狂热的旋风，迫使他离开了家，在路上，一面彷徨，一面奔逃，去叩一所修院的门，随后又重新启程，终于在途中病倒了，在一个无名的小城中一病不起。一九一〇年十月二十八日的清晨五时许，托尔斯泰突然离开了亚斯纳亚·波利亚纳。他由马科维茨基医生陪随着；他的女儿亚历山德拉，为切尔特科夫称为"他的亲切的合作者"的，知道他动身的秘密。当日晚六时，他到达奥普塔修院，俄国最著名的修院之一，他以前曾经到过好几次。他在此宿了一晚，翌晨，他写了一篇论死刑的长文。在十月二十九日晚上，他到他的姊妹玛亚丽出家的沙莫尔金诺修院。他和她一同晚餐，他告诉她他欲在奥普塔修院中度他的余年，"可以做任何低下的工作，唯一的条件是人家不强迫他到教堂里去"。他留宿在沙莫尔金诺，翌日清晨，他在邻近的村落中散步了一回，他又想在那里租一个住处，下午再去看他的姊妹。五时，他的女儿亚历山德拉不凑巧地赶来了。无疑的，她是来通知他说他走后，人家已开始在寻访他了：他们在夜里立刻动身。托尔斯泰，亚历山德拉，马科维茨基向着克谢尔斯克车站出发，也许是要从此走入南方各省，再到巴尔干，布尔加列，塞尔别各地的斯拉夫民族居留地。途中，托尔斯泰在阿斯塔波沃站上病倒了，不得不在那里卧床休养。他便在那里去世了。——关于他最后几天的情景，在《托尔斯泰的出走与去世》（柏林，一九二五年版）中可以找到最完全的记载，作者勒内·普埃勒普 - 米勒与弗里德里希·埃克施泰因搜集托尔斯泰的夫人，女儿，医生，及在场的友人的记载，和政府秘密文件中的记载。这最后一部分，一九一七年时被苏维埃政府发现，暴露了当时不少的阴谋，政府与教会包围着垂死的老人，想逼他取消他以前对于教会的攻击而表示翻悔。政府，尤其是俄皇个人，极力威逼神圣宗教会议要他办到这件事。但结果是完全失败。这批文件亦证明了政府的烦虑。列下省总督，奥博连斯基亲王，莫斯科宪兵总监洛夫将军间的警务通讯，对于在阿斯塔波沃发生的事故每小时都有报告，下了最严重的命令守护车站。使护丧的人完全与外间隔绝。这是因为最高的当局深恐托氏之死会引起俄罗斯政治大示威运动之故——托尔斯泰与世长辞的那所屋子周围，拥满了警察，间谍，新闻记者，与电影摄影师，窥伺着托尔斯泰伯爵夫人对于垂死者所表示的爱情、痛苦与忏悔。在他弥留的床上，他哭泣着，并非为了自己，而是为了不幸的人们；而在嚎啕的哭声中说："大地上千百万的生灵在受苦，你们大家为何都在这里只照顾一个列夫·托尔斯泰？"

于是，"解脱"来了——这是一九一〇年十一月二十日，清晨六时余。——"解脱"，他所称为"死，该祝福的死……"来了。

考点提炼

1.作者在开始部分的外貌描写有什么意义和用处？

答案：刻画了一个慈祥老者的形象，十分逼真、传神，肖像的变化反映了人物内心思想的变化。我们仿佛看到了托尔斯泰的人生剪影，看到了岁月在这位伟大作家的脸上刻下的印记。罗兰通过呈现肖像画，力图告诉读者，托尔斯泰一生经历了何等剧烈的变化。

2.托尔斯泰在人生的最后阶段的思想发生了哪些变化？作者叙述的感情基调又发生了哪些变化？请简要分析。

答案：①他看透了暴政、丑恶、虚伪和苦难，尽其毕生努力去改变它，但总是事与愿违。从此托尔斯泰厌弃自己及周围的贵族生活，为农民盖房子，摒绝奢侈，持斋吃素。他也改变了文艺观，并把创作重点转移到论文和政论上去，以直接宣传自己的社会、哲学、宗教观点，揭露地主资产阶级社会的各种罪恶。增强了对社会现实的批判态度，对自己宣传的博爱和不抗恶思想也常常感到怀疑。同情革命者，也曾对革命的到来表示欢迎，但却不了解并回避。

②作者叙述的感情基调也由激情四溢转向略带悲伤的平静。

3.托尔斯泰为什么要离家出走？

答案：托尔斯泰是苦恼的：他本人拥有地位和财富，但他时常为自己的富裕的生活感到羞愧难安；他同情下层民众，又对他们缺乏信心。因此，他厌倦自己的生活，决心和自己所在的社会阶层决裂，他又得不到人们的支持。在精神上，他一直是孤独的。八十二岁的时候，他选择了出走，并病死于一个小火车站。

十八　"战斗告终了"

章节导读

爱和信仰，是托举托尔斯泰在广阔天空自由飞翔的双翅。对永恒生命的热爱，对美好真理无止境的追求，激励着他迎战暴风雨。在宗教与艺术的天空下，他化作了永恒的星辰。

必考段落

战斗告终了，以八十二年的生命作为战场的战斗告终了。悲剧的光荣的争战，一切生的力量，一切缺陷一切德性都参与着。——一切缺陷，除了一项，他不息地抨击的谎言。

最初是醉人的自由，在远远里电光闪闪的风雨之夜互相摸索冲撞的情欲，——爱情与幻梦的狂乱，永恒的幻象。高加索，塞瓦斯托波尔，这骚乱烦闷的青春时代……接着，婚后最初几年中的恬静。爱情，艺术，自然的幸福，《战争与和平》。天才的最高期，笼罩了整个人类的境界，还有在心魂上已经成为过去的，这些争斗的景象。他统制着这一切，他是主宰；而这，于他已不足够了。如安德烈亲王一样，他的目光转向奥斯特利茨无垠的青天。是这青天在吸引他：

① "有的人具有强大的翅翼，为了对于世俗的恋念堕在人间，翅翼折断了：例如我。以后，他鼓着残破的翅翼奋力冲飞，又堕下了。翅翼将会痊愈变成完好的。我将飞翔到极

高。上帝助我！"见一八七九年十月二十八日《日记》。那一页是最美丽的一页，我们把它转录于下："在这个世界上有没有翅翼的笨重的人。他们在下层，骚扰着。他们中间亦有极强的，如拿破仑。他们在人间留下可怕的痕迹，播下不和的种子。——有让他的翅翼推动的人，慢慢地向前，翱翔着，如僧侣。——有轻浮的人，极容易上升而下坠，如那些好心的理想家。——有具有强大的翅翼的人……——有天国的人，为了人间的爱，藏起翅翼而降到地上，教人飞翔。以后，当他们不再成为必要时，他们称为'基督'。"

这是他在最惊心动魄的暴风雨时代所写的句子，《忏悔录》便是这时期的回忆与回声。托尔斯泰曾屡次堕在地下折断了翅翼。而他永远坚持着。他重新启程。他居然"翱翔于无垠与深沉的天空中了"，两张巨大的翅翼，一是理智，一是信仰。但他在那里并未找到他所探求的静谧。天并不在我们之外而在我们之内。托尔斯泰在天上仍旧激起他热情的风波，在这一点上他和一切舍弃人世的使徒有别：他在他的舍弃中灌注着与他在人生中同样的热情。他所抓握着的永远是"生"，而且他抓握得如爱人般的强烈。他"为了生而疯狂"。他"为了生而陶醉"。没有这醉意，他不能生存。"一个人只有在醉于生命的时候方能生活。"（《忏悔录》一八七九年）"我为了人生而癫狂……这是夏天，美妙的夏天。今年，我奋斗了长久；

但自然的美把我征服了。我感着生的乐趣。"（一八八〇年七月致费特书）这几行正是在他为了宗教而狂乱的时候写的。

为了幸福，同时亦为了苦难而陶醉，醉心于死，亦醉心于永生。一八六五年十月《日记》："死的念头……""我愿，我爱永生。"他对于个人生活的舍弃，只是他对于永恒生活的企慕的呼声而已。不，他所达到的平和，他所唤引的灵魂的平和，并非是死的平和。这是那些在无穷的空间中热烈地向前趱奔的人们的平和。在于他，愤怒是沉静的，"我对于愤怒感到陶醉，我爱它，当我感到时我且刺激它，因为它于我是一种镇静的方法，使我，至少在若干时内，具有非常的弹性、精力与火焰，使我在精神上肉体上都能有所作为。"（见《涅赫留多夫亲王日记》一八五七年）而沉静却是沸热的。②信心给予他新的武器，使他把从初期作品起便开始的对于现代社会的谎言的战斗，更愤激地继续下去。他不再限于几个小说中的人物，而向一切巨大的偶像施行攻击了：宗教，国家，科学，艺术，自由主义，社会主义，平民教育，慈善事业，和平运动……他为了一八九一年在伦敦举行的世界和平会议所写的关于战争的论文，是对于一般相信仲裁主义的和平主义者的一个尖锐的讥刺："这无异于把一粒谷放在鸟的尾巴上而捕获它的故事。要捕获它是那么容易的事。和人们谈着什么仲裁与国家容许的裁军实在是开玩笑。这一切真是些无谓的空谈！当然，各国政府会承认：那些好使徒！他们明明知道这决不能阻止他们在欢喜的时候驱使千百万的生灵去相杀。"（见《天国在我们内心》第六章）他痛骂他们，把他们攻击得毫无余地。

....

我们大家都体验过这悲剧的争斗。我们屡次陷入或不忍睹或痛恨的轮回中！一个艺术家，——一个名副其实的艺术家，一个认识文字的美妙而有可怕的力量的作家，——在写出某项真理的时候，感得为惨痛的情绪所拗苦：此种情形何可胜数！……

托尔斯泰从未欺妄过他两种信心中的任何一种。在他成熟期的作品中，爱是真理的火焰。在他晚年的作品中，这是一种从高处射下的光明，一道神恩普照的光彩烛照在人生上，可是不复与人生融和了。我们在《复活》中看到信仰统制着现实，但仍站在现实之外。托尔斯泰所描写的人物。每当他个别观察他们的面目时，显得是弱的，无用的，但一等到他以抽象的方式加以思索时，这些人物立刻具有神明般的圣洁了。参看《一个绅士的早晨》，——或在《忏悔录》中理想的描写，那些人是多么质朴，多么善良，满足自己的命运，安分守己，博得人生的意义，——或在《复活》第二编末，当涅赫留多夫遇见放工回来的工人时，眼前显出"这人类，这新世界"。——在他的日常生活中，和他的艺术同样有这种矛盾的表现，而且更为残酷的。他虽然知道爱所支使他的任务，他的行动却总不一致；他不依了神而生活，他依了世俗而生活。即是爱，到哪里去抓握它呢？在它不同的面目与矛盾的系统中如何加以辨别？是他的家庭之爱，抑或是全人类之爱？……直到最后一天，他还是在这两者中间彷徨。

考点提炼

1. 如何理解划线句子①？

答案：运用比喻的修辞手法，托尔斯泰把理智和信仰比喻为翱翔的羽翼，生动而形象地表明虽然在思想上很有见地，但是终因爱情、家庭等牵绊，而使自己的愿望没有实现。

2. 阅读划线句子②，分析托尔斯泰的创作思想发生了怎样的变化？

答案：托尔斯泰的创作不再局限于任务，而是有了更广阔的视野，这使他的作品涉猎了更多的社会不公和对黑暗的观察，从而上升到一个新的高度。

3. 托尔斯泰与卢梭都写了《忏悔录》，他们两人有什么区别？

答案：卢梭的《忏悔录》与其说是写给世人，不如说是其本人向上帝的心灵独白，对法国文学，对后来的作家如司汤达等人影响巨大，而且从直接的政治影响上来说也是最大的。

托尔斯泰的《忏悔录》这本书无疑深受卢梭的影响，注重写自己对人生的体验，探讨人生的意义，篇幅最短，但其深刻的思想与严酷的自剖，使其成为另一朵文学奇葩。

4.《托尔斯泰传》的立意是什么？作者的着眼点在哪儿？

答案：立意是歌颂英雄主义；着眼于评论托尔斯泰的思想和创作，是一部文学创作评传。

5. 结合《托尔斯泰传》谈谈你对托尔斯泰伟大之处的看法。

答案：托尔斯泰一生向善，追求真诚的、博大的爱，厌恶痛苦的民众生活，因此他的许多作品都是他爱的信仰、精神道德的再现，托尔斯泰的伟大在于他有一颗真诚、善良、博爱的心。

6.《托尔斯泰传》的基调深沉，有人评论它是"一首挽歌，一首哀歌，一首死亡之歌"。对此，你是怎样理解的?

答案:《托尔斯泰传》叙写了列夫·托尔斯泰这位伟大作家一生痛苦与挣扎的心路历程。他出身贵族，却具有平民情怀，他的理想、追求被自己所属的阶级排斥和中伤。他期待家人的爱与理解，但是他的理想、行为又被家人怀疑和抵制。最终，他绝望至极，离家出走，孤独而死。

真题演练

一、选择题

1. （2015·四川省宜宾招生卷）根据《西游记》《水浒传》《童年》《简·爱》拟写的下联不准确的一项是（　　）

上联：贝多芬呕心沥血谱名曲

下联：_____

A. 唐三藏跋山涉水求真经　　B. 一丈青胆大心细赛英豪

C. 格列佛千辛万苦度童年　　D. 夏洛蒂妙手慧心著经典

2. （2009·福建省宁德卷）下面对名著描述有误的两项是（　　）（　　）

A. 豹子头误入白虎堂，刺配沧州，到沧州后，被高俅安排看管草料场。不久，草料场被烧，林冲为躲避仇人追杀，与花和尚雪夜上梁山。

B. 师徒四人来到火焰山，被大火所阻。悟空向铁扇公主借芭蕉扇，铁扇公主因红孩儿被观音收伏而与悟空结仇，不但不肯借扇，还想加害悟空。几经周折，悟空借来真扇，熄灭了大火。

C. 贝多芬身患重病，耳朵失聪，可是他告诉自己"要扼住命运的咽喉"。凭着超凡的毅力和执着的精神，他坚持从事音乐创作，写出了不少传世之作。

D. 鲁滨逊热爱航海，他瞒着父亲出海。第一次航行就遇到大风浪，船只沉没，他幸好被一艘葡萄牙货船救起。

船到巴西后，他在那里买下一个庄园，做了庄园主。可是他不安于现状，第二次又出海，到非洲贩卖奴隶。

E. 格列佛在小人国，发现利立浦特岛国以鞋跟的高低来划分党派，还看到这个国家与邻近岛国不来夫斯古之间的战争。格列佛帮助该国打败了不来夫斯古国。

3. （2009·广西壮族自治区南宁卷）下列关于文学名著的表述，有误的一项是（　　）

A. 孙悟空由一块仙石变化而成，他手持金箍棒，神通广大，能七十二变；他大闹天宫，自封为"齐天大圣"；他勇敢机智，百折不挠，保护唐僧去西天取经，深受读者的喜爱。（吴承恩《西游记》）

B. 武松是绿林好汉中富有血性和传奇色彩的人物。他从替兄报仇开始，斗杀西门庆，醉打蒋门神，风雪山神庙，血溅鸳鸯楼，一步步被逼上梁山。（施耐庵《水浒传》）

C. "啊！如果我能摆脱这种疾病，我一定能拥抱整个世界！……我要扼住命运的咽喉，它永远不能使我完全屈服！啊，如果能活上千百次那就太好了！"这是贝多芬对残酷命运发出的强烈抗争。（罗曼·罗兰《名人传》）

D. 阿廖沙三岁时，父亲死于霍乱，母亲带他去投奔外祖父。外祖父贪婪、专横、残暴，经常毒打幼小的阿廖

沙。所幸外祖母慈祥善良，热爱生活，她如一盏明灯，照亮了阿廖沙敏感而孤独的心。（高尔基《童年》）

4.（2014·浙江省宁波卷）下列名著内容表述有误的一项是（ ）

A.《名人传》中的贝多芬尽管耳聋，在生命的最后阶段还是写出了不朽的《欢乐颂》。

B.《简·爱》中的主人公简·爱得知罗切斯特有一个疯妻子后离开了他。

C.《水浒传》中的宋江因怒杀阎婆惜被官府判了死罪，在弄场被梁山好汉搭救。

D.《钢铁是怎样炼成的》中保尔在朱赫来的影响下，走上革命道路。

5.（2014·四川省南充卷）下列表述有误的一项是（ ）

A.《论语》是记录孔子和他的弟子言行的一部书。《孟子》是孟子及其门人所作，《论语》《孟子》均为儒家经典，与《大学》《中庸》合称"四书"。孔子曾说："吾十有五而志于学，三十而立，四十而不惑，五十而知天命，六十而耳顺，七十而从心所欲不逾矩"。后来人们用"而立""不惑""知天命""耳顺"等表示特定的年龄。

B.《繁星》《春水》是冰心在印度诗人泰戈尔《飞鸟集》

的影响下写成的。它们大致包括三方面内容：母爱、童真、自然。它们在语言上，清新淡雅而又晶莹明丽，明白晓畅而又情韵悠长。极具艺术魅力。

C. 《名人传》叙述贝多芬、米开朗琪罗和托尔斯泰的苦难和坎坷的一生，赞美他们的高尚品格和顽强奋斗的精神。罗曼·罗兰用"像枪弹穿透了伪装的甲胄""像金刚刀切开了玻璃"来描绘列夫·托尔斯泰的眼神。

D. 《骆驼祥子》是老舍最钟爱的作品，讲述的是一个普通人力车夫祥子的故事，作品通过祥子的人生遭遇，批判了不让好人有出路的社会。祥子最大的梦想是拥有自己的车。第一次买的车很快被大兵抢走了；第二次车还没买上钱就被孙侦探敲诈去了；第三次是他和虎妞结婚后用虎妞的钱买的，不久为安葬虎妞只好卖掉。

6. （2016·江苏省宿迁卷）下列有关名著的表述不正确的一项是（   ）

A. 《水浒传》中，血溅鸳鸯楼后，武松在逃亡过程中，得到了张青、孙二娘的帮助，被打扮成头陀模样。从此，武松有了"行者"的绰号。

B. 《三国演义》中华佗为关羽"刮骨疗伤"，骨头被刮得嚓嚓作响，关羽却边观察地图，边分析敌情，这一情节刻画出他意志坚强的形象。

C. 《名人传》中，"文艺复兴三杰"之一的米开朗琪罗为了理想不断同困难作斗争，他说他将做一番所有意大利人从未做过的事业。

D. 《钢铁是怎样炼成的》真实地再现了苏联国内革命战争前后的社会特点和时代画卷，热情歌颂了为祖国而战的年轻一代的精神风貌。

7. （2016·青海省西宁卷）下列各项内容的表述有误的一项是（ ）

A. 罗曼·罗兰是 20 世纪上半叶法国著名的人道主义作家。他认为当时的欧洲是一个需要伟人的社会，为此他写作了《名人传》。我们在初中阶段还学过其他法国作家的作品，如都德的《最后一课》、莫泊桑的《我的叔叔于勒》、茨威格的《列夫·托尔斯泰》等。

B. 《水浒传》作为中国第一部歌颂农民起义的长篇章回体小说，生动地描写了梁山好汉们从起义到兴盛再到最终失败的全过程。课文《智取生辰纲》就选自《水浒传》。

C. 《荷叶·母亲》的作者冰心，是我国现代散文家、小说家。《金色花》的作者泰戈尔，是印度文学家，1913年获诺贝尔奖。这两首散文诗都借助具体的形象歌颂了母爱。冰心的《繁星》《春水》是受泰戈尔《飞鸟集》的影响而写成的。

D. "说"是一种议论性的古代文体，大多是就一事、一物或一种现象抒发作者的感想，写法不拘一格，行文崇尚自由活泼，篇幅一般不长。如唐代文学家、"唐宋八大家"之一的韩愈的《马说》、北宋哲学家周敦颐的《爱莲说》。

8. （2016·湖北省鄂州卷）下列有关文学常识和名著阅读的表述，有误的一项是（　　）

A. 《乡愁》《故乡》《春》《威尼斯商人》四篇课文，从文学体裁上来分类，依次属于诗歌、小说、散文、戏剧。

B. 20世纪上半叶法国著名的人道主义作家罗曼·罗兰写作的《名人传》，叙述了贝多芬、米开朗琪罗和奥斯特洛夫斯基的充满苦难和坎坷的一生，赞美了他们的高尚品格和顽强奋斗的精神。

C. 我国戏曲京剧中人物由生、旦、净、丑等不同行当来充任。我国古代的年龄也有特定的称谓：总角和垂髫代指童年，及笄指女子十五岁，弱冠指男子二十岁。

D. 吴敬梓笔下的范进、鲁迅笔下的孔乙己，作为读书人，虽然他们最终的命运不同，但这两个人物形象都能反映出封建科举制度对知识分子的毒害。

9. （2016·浙江省舟山卷）文学常识与名著阅读。

下列有关文学常识的表述，正确的一项是（   ）

A. 《史记》是我国第一部纪传体通史，作者是西汉史学家司马光。

B. 俄国作家契诃夫的小说《套中人》刻画了别里科夫这一沙皇专制制度的忠实卫道士的典型形象。

C. 英国作家罗曼·罗兰的《名人传》，包括《贝多芬传》《米开朗琪罗传》《列夫·托尔斯泰传》。

D. "唐宋八大家"的作品至今为人称颂，如柳宗元的《醉翁亭记》、欧阳修的《小石潭记》、王安石的《伤仲永》等。

10. （2016·浙江省湖州中考卷）名著阅读。

下列有关文学常识的表述，正确的一项是（   ）

A. 《哈姆雷特》《吉檀迦利》《繁星》《诗经》都是诗歌作品。

B. 《论语》《大学》《孟子》《左传》都是儒家经典，并称"四书"。

C. 《马说》《伤仲永》《记承天寺夜游》《醉翁亭记》都是"唐宋八大家"的作品。

D. 《名人传》《格列佛游记》《简·爱》《培根随笔》都是英国作家的作品。

11. （2014·广西壮族自治区南宁卷）下列关于文学名著的表述有误的一项是（ ）

A. 《傅雷家书》中傅雷以深厚的学养、真挚的父爱，对儿子在做人和生活方面进行了有益的引导，表现出他对儿子的舐犊之情。

B. 保尔得知自己丧失了战斗能力的真实病情后，来到古老的郊区公园，经过动摇、绝望等激烈的思想斗争，终于战胜了自我。

C. 《名人传》叙述三位名人在经历肉体和精神上的种种磨难后，创造了不朽杰作的故事，赞美他们的高尚品格和顽强奋斗的精神。

D. 《格列佛游记》把读者带进了一个奇异的幻境，不过，童话色彩只是这部小说的表面特征，对当时社会的赞美才是其灵魂所在。

12. （2013·贵州省黔西南卷）下列文学常识搭配正确的一项是（ ）

A. 《威尼斯商人》——莎士比亚——法——《莎士比亚全集》

B. 《雷电颂》——郭沫若——现代——《屈原》

C. 《陈涉世家》——司马迁——东汉——《史记·陈涉世家》

D. 《列夫·托尔斯泰》——茨威格——奥地利——《名人传》

1. C 解析:C项,《童年》的主人公是阿廖沙,格列佛是《格列佛游记》中的主人公。

2. AD 解析:A项,林冲杀死陆虞侯等二人,连夜投奔梁山。但没有与花和尚雪夜上梁山,而是独自上的梁山。D项,被葡萄牙船只发现是第三次航行出海。

3. B 解析:B项,因为风雪山神庙讲的是林冲。

4. C 解析:C项,宋江杀了阎婆惜没被判处死刑,刺配江州,在那遇到了李逵和戴宗,在江州法场被救。

5. C 解析:C项,"像枪弹穿透了伪装的甲胄""像金刚刀切开了玻璃"来描绘列夫·托尔斯泰的眼神的非"罗曼·罗兰",而是"茨威格"。

6. B 解析:此题考查文学名著的内容概括。B项中华佗为关羽"刮骨疗伤"时,关羽与马良下棋。

7. A 解析:A项,《列夫·托尔斯泰》的作者是奥地利著名小说家茨威格。

8. B 解析:B项,《名人传》叙述了贝多芬、米开朗琪罗和托尔斯泰的一生,没有奥斯特洛夫斯基。

9. B 解析:A项,《史记》作者是司马迁。C项,罗曼·罗兰是法国作家。D项,《醉翁亭记》作者是欧阳修,《小石潭记》作者是柳宗元。

10. C 解析:A项,《哈姆雷特》属于剧本。B项,"四书"不包括《左传》,应为《大学》《中庸》《论语》《孟子》。D项,《名人传》作者是法国人。

11. D 解析:D项,"赞美"应为"讽刺"。

12. B 解析:A项,"法"改为"英"。C项,"东汉"改为"西汉"。D项,《名人传》改为《三作家》。

二、填空题

1. （2006·河北卷）《名人传》是《语文课程标准》推荐的课外读物，根据你对这部名著的阅读，回答以下问题。

   这部名著是法国著名作家＿＿＿＿＿＿＿＿＿的作品。它叙述了贝多芬、＿＿＿＿＿＿＿＿＿、列夫·托尔斯泰苦难和坎坷的一生，赞美了他们高尚的品格和顽强奋斗的精神。

2. （2009·湖北卷）补写出下列名句名篇和文学常识的空缺部分。

   《＿＿＿＿＿＿》的《贝多芬传》《米开朗琪罗传》《托尔斯泰传》均是法国作家的代表作品。

3. （2010·湖南省岳阳卷）20世纪上半叶，法国著名作家罗曼·罗兰痛感19世纪与20世纪之交的欧洲是一个需要巨人的社会，为此写作了《＿＿＿＿＿＿》，叙述＿＿＿＿＿＿、米开朗琪罗和托尔斯泰的苦难和坎坷的一生，赞美他们的高尚品格和顽强奋斗的精神。

4. （2009·辽宁省本溪卷）

   他饱受生活的磨难，却说："我要死死扼住命运的咽喉。"他遭受失聪的打击，却谱写出"英雄"的

乐章。他就是罗曼·罗兰写的《名人传》中的人物
_____。

5. （2008·福建省莆田卷）名著赏读。

　　法国作家罗曼·罗兰的《名人传》中的《贝多芬传》《托尔斯泰传》《米开朗琪罗传》分别写了三个人物，一个是_____，一个是_____，一个是雕塑兼画家。三部传记中，《_____》最著名。作者称其写作的目的在于安慰和鼓励"世上不幸的人们"，使他们勇敢地跟命运作斗争。

6. （2013·陕西卷）阅读下面的文字，按要求填空。

　　有哪种胜利能与这场胜利相比？拿破仑的哪场胜利，奥斯特利茨哪天的阳光能达到这一超人努力的光荣？这种胜利是精神力量所从未取得过的殊荣。一个穷困潦倒、残疾而孤独、生而痛苦、世界从未给予他欢乐的人，却创造了欢乐献给全世界！他用自己的苦难锻造欢乐。他以一句充满豪情的话概括了他的一生，这句话今天已经成了一切勇敢人的座右铭："惟其痛苦，才有欢乐。"

　　上面的文字出自《_____》，文中的"他"指_____。

7. （2016·浙江省台州卷）名著阅读。

阅读下面的文字，根据括号里的提示填空。

　　经典名著不乏奇人，他们给读者留下了深刻的印象，施耐庵＿＿＿＿＿＿＿（填作品名）中花荣射箭技术令人赞叹，罗曼·罗兰《名人传》中＿＿＿＿＿＿＿（填人名）雕刻艺术举世闻名，冯骥才《俗世奇人》中苏七块＿＿＿＿＿＿＿（填人物本领）堪称绝活。

8. （2016·山东省滨州卷）名著阅读。

　　（1）"万卷经书曾读过，平生机巧心灵，六韬三略究来精。胸中藏战将，腹内隐雄兵，谋略敢欺诸葛亮，陈平岂敌才能。略施小计鬼神惊。"这首人物赞诗写的是《水浒传》中的＿＿＿＿＿＿＿，请写出一个与他相关的故事＿＿＿＿＿＿＿。

　　（2）《名人传》的作者是＿＿＿＿＿＿＿，小说中的贝多芬、米开朗琪罗、列夫·托尔斯泰虽然事业不同，贡献不同，所处的时代和国家也不同，但他们都是＿＿＿＿＿＿＿＿＿才成为各自领域里的伟人的。

9. （2014·山东省临沂卷）补写出下列文学常识或名篇名句中的空缺部分。

　　法国作家罗曼·罗兰的《名人传》叙述了音乐家

贝多芬、雕塑家米开朗琪罗和作家_____的苦难而坎坷的一生，赞美了他们的高尚品格和顽强奋斗精神。

10.（2014·天津卷）名著阅读。

请根据你的阅读积累，回答问题。请在横线处填写对应的人物。

　　阅读名著能启迪思想，引领人生。读施耐庵的《水浒传》，能让我们深切地感受到"景阳冈打虎"的①_____等梁山好汉的英雄气概；读鲁迅的《朝花夕拾》，能让我们从②_____身上，学到严谨、正直、热诚、没有民族偏见的高尚品质；读罗曼·罗兰的《名人传》，能让我们在贝多芬、米开朗琪罗、③_____三位伟人身上，体会到与命运抗争的崇高勇气和勇于担当的伟大情怀；读《傅雷家书》，能让我们领悟到遇困难不气馁，要有国家民族荣誉感的人生道理。

　　①_____；②_____；③_____

参考答案

1. 罗曼·罗兰；米开朗琪罗
2. 名人传

3. 名人传；贝多芬

4. 贝多芬

5. 音乐家；小说家（作家）；贝多芬传

6. 名人传；贝多芬

7.《水浒传》；米开朗琪罗（音译名，音近即可）；接骨技术（写"正骨""医术"也可）

8.（1）智多星吴用；智取生辰纲、智赚玉麒麟、智取大名府等；

（2）罗曼·罗兰；经历了超越常人的磨难之后

9. 列夫·托尔斯泰

10.①武松　②藤野先生　③列夫·托尔斯泰

三、问答题

1. （2006·河北卷）请概括叙述《名人传》中一位名人的典型事例。

_____

_____

2. （2006·安徽省课改区卷）你一定读过不少中外文学名著，请以《名人传》为对象，按要求填写读书资料卡。

读书资料卡			
作品	《名人传》	作者	
主要内容			

注："主要内容"以30字左右为宜。

3.（2008·湖北卷）罗曼·罗兰的《名人传》是为音乐家（贝多芬）、雕塑家（米开朗琪罗）、文学家（托尔斯泰）写的三部传记。这三人共同的特点是：_____

_____

4.（2010·天津卷）名著阅读。

　　读过《名人传》后，你一定被这三位伟大的艺术家所感动，请任选其中一位，说说他令你感动的原因。（60字以内）

_____

_____

5.（2009·辽宁省阜新卷）阅读名著可以净化我们的心灵。下面两段文字似曾相识吧？读一读，回答问题。

　　多少人都赞颂他伟大的艺术。但他远不止是音乐中的第一人，他是现代艺术最英勇的一股力量，他是受苦而不屈的人们最伟大、最优秀的朋友。一个穷困潦倒、残废而孤独、生而痛苦、世界从未给予他欢乐的人，却创造了欢乐奉献给全世界！他用自己的苦难锻造欢乐。

　　（1）以上文字出自名著《_____》，"他"指的是_____。（2）请用简洁的语言写出与"他"

相关的一个故事情节。

_____

6. （2009·河北卷）选取《西游记》《水浒传》《童年》这三部名著中的人物和相关内容，为给出的上联拟写下联。

上联：贝多芬呕心沥血谱名曲

下联：_____

7. （2013·四川省高考卷）请以贝多芬为对象，续写下面的话。

要求：①紧扣首句观点，符合所选人物境遇；②运用排比和反问修辞手法；③语意连贯，内容充实；④60～100字。

即使在最恶劣的境遇中，人仍然拥有一种不可剥夺的精神力量，这就是苦难带给人生的意义。

_____

_____

_____

_____

8. （2016·广西壮族自治区河池卷）名著阅读。

　　他短小臃肿，外表结实，生就运动家般的骨骼，一张土红色的宽大的脸，到晚年皮肤才变得病态，耳聋，额角隆起，宽广无比。乌黑的头发，异乎寻常的浓密，好似梳子从未在上面光临过，到处逆立，赛似"梅杜萨头上的乱蛇"。

　　（1）此语段是《巨人三传》中对_____（人物）的描写，作者是_____。

　　（2）文段选自的作品突出表现了"他"_____ _____的精神。

9. （2014·四川省巴中卷）读名著选段，回答后面的问题。

　　对于一切受苦而奋斗的人，他是最大而最好的朋友。当我们对着世界的劫难感到忧伤时，他会到我们身旁来，好似坐在一个穿着丧服的母亲旁边，一言不发，在琴上唱着他隐忍的悲歌，安慰那哭泣的人。当我们对德与恶的庸俗斗争到疲惫的辰光，到此意志与信仰的海洋中浸润一下，将获得无可言喻的裨益。他分赠我们的是一股勇气，一种奋斗的欢乐……

　　（1）上文选段选自文学名著《_____》（书名），文中的"他"是_____（人名）。

　　（2）文中"他是最大而最好的朋友"中"最大""最

好"暗示了他的伟大，他的伟大之处在于_____

_____

_____

_____。

（3）课外文学名著中，有许多人物的经历可以印证"痛苦和磨难造就人"的道理，请写出表现这一道理的其他一部作品及作者。

作品名称：_____ 作者：_____

10. （2014·广东省佛山卷）名著积累。

人们常说苦难是最好的锻炼。请以《名人传》中的贝多芬和《钢铁是怎样炼成的》中的保尔·柯察金这两个人物为例，说说他们是如何体现这句话的。（80字以内）

_____

_____

_____

11. （2015·山东省聊城卷）按要求答题。

我市"阳光读写推介会"后，学校开展"名著推荐墙"活动，要求同学们将所读名著浓缩为一句话，推荐给其他同学。请你从以下备选名著中选择一部，仿照示例，完成推荐。

示例：《水浒传》——梁山好汉嫉恶如仇，除暴安良，显英雄本色。

备选名著：《骆驼祥子》《名人传》《钢铁是怎样炼成的》《格列佛游记》

_____

_____

_____

_____

12.（2015·黑龙江省牡丹江卷）名著阅读。

"多少人已赞颂过他艺术上的伟大，但他远不止是音乐家中的第一人，而是近代艺术的最英勇的力。对于一切受苦而奋斗的人，他是最大而最好的朋友。"

以上文字中的"他"在生命的末日，写出了不朽的《欢乐颂》。"他"是《_____》中的人物，作者是_____。作品中三位伟人经历的共同点是：

_____

13.（2016·吉林卷）名著阅读。

在有的学校，学生要建立自己的"阅读银行"，定期向"银行卡"中存放教师推荐或自己喜爱的阅读书目，并写上每部书的阅读心得。如果你也想建立自己的"阅读银行"，你最想存放的名著是什么？请写出书名、作者，并谈谈你存放此书的理由。

（1）书名：《_____》;（2）作者：_____;

（3）存放理由：_____

_____

_____

14. （2016·河南卷）名著阅读。

文学作品中的人物形象往往是丰满的，优缺点并存。请从下面人物中任选一个，结合作品中的具体情节，分析他的优点和缺点。

①猪八戒（《西游记》） ②武松（《水浒传》）③米开朗琪罗（《名人传》）

_____

_____

_____

_____

15. （2010·天津卷）《名人传》阅读。

《名人传》是法国著名作家罗曼·罗兰为三位伟大的艺术家写的传记，请根据你的阅读积累，回答下面的题目。

【片段一】如果他要建造一座纪念碑的话，他就会耗费数年的时间到石料场去选料，还要修一条路来搬运它们；他想成为多面手：工程师、凿石工；他想什么都亲自动手，独自一人建起宫殿、教堂。这简直是一种苦役犯过的日子。他甚至都挤不出时间来吃饭睡觉。

【片段二】直到那一天，绝望顿生，也许是由于临死前的狂热飓风，他突然离开了住所，四处流浪，奔逃，在一所修道院投宿，然后又上了路，最后病倒途中，在一个无名的小城中一病不起。在弥留之际，他躺在病榻上哭泣，不是哭自己，而是在哭那些不幸的人。

【片段一】中的"他"是指＿＿＿＿＿＿；

【片段二】中的"他"是指＿＿＿＿＿＿。

16. （2012·天津卷）《托尔斯泰传》的基调深沉，有人评论它是"一首挽歌，一首哀歌，一首死亡之歌"。对此，你是怎样理解的？

_____

_____

_____

_____

17.（2014·浙江省绍兴卷）标题，是名著之眼。在读书活动中，同学们发现有些名著曾有过不同标题，以此展开了新的话题。请你选择以下话题中的一个，发表意见。

甲:《骆驼祥子》介绍到国外时，有人曾用"拉车夫"作为书名，你认为哪个好，为什么?

乙:《名人传》翻译到我国时，又名"巨人传"，你认为哪个好，为什么?

我选＿＿＿＿＿＿话题。

_____

_____

_____

_____

18.（2015·湖南省郴州卷）名著阅读。

"他远不只是音乐家中的第一人，而是近代艺术的最英勇的力。对于一切受苦而奋斗的人，他是最大而最好的朋友，当我们对着世界的劫难感到忧伤时，他会到我们身旁来，好似坐在一个穿着丧服的母亲旁边，一言不发，在琴上唱着他隐忍的悲歌，安慰那哭泣的人。当我们对德与恶的庸俗斗争到疲惫的辰光，到此意志与信仰的海洋中浸润一下，将获得无可言喻的裨益。他分赠我们的是一股勇气，一种奋斗的欢乐……"

（1）选文出自法国作家罗曼·罗兰的《＿＿＿＿＿》。该书叙述了德国音乐家＿＿＿＿＿、意大利画家和雕塑家米开朗琪罗、俄国作家＿＿＿＿＿＿＿＿＿＿的人生故事。

（2）请结合原著，说说书中三个伟人有哪些共同的特点。

＿＿＿＿＿＿＿＿＿＿＿＿＿＿＿＿＿＿＿＿＿

＿＿＿＿＿＿＿＿＿＿＿＿＿＿＿＿＿＿＿＿＿

＿＿＿＿＿＿＿＿＿＿＿＿＿＿＿＿＿＿＿＿＿

＿＿＿＿＿＿＿＿＿＿＿＿＿＿＿＿＿＿＿＿＿

19.（2013·内蒙古自治区鄂尔多斯卷）下列片段都写的是俄国著名作家列夫·托尔斯泰，阅读后完成（1）—（3）题。

（一）

客人惊奇地屏住了呼吸，只见面前的小个子那对浓似灌木丛的眉毛下面，一对灰色的眼睛射出一道黑豹似的目光。这道目光就像一把锃亮的钢刀刺了过来。又稳又准，击中要害。它像枪弹穿透了伪装的甲胄，它像金刚刀切开了玻璃。在这种入木三分的审视之下，谁都没法遮遮掩掩。

具有这种犀利眼光，能够看清真相的人，可以任意支配整个世界及其知识财富。作为一个始终具有善于观察并能看透事物本质的眼光的人，他肯定缺少一样东西，那就是属于自己的那一份幸福。

（八年级·下册　茨威格《列夫·托尔斯泰》选段，有删减）

（二）

1855 年 11 月，列夫·托尔斯泰周旋于圣彼得堡的文人中间，他对于他们感到一种憎恶与轻蔑，他们的一切于他都显得是卑劣的、虚伪的。

远远看去，这些人似乎有艺术家的桂冠。如屠格涅夫，起初，他佩服并欣赏他，近看却使他非常失望。1856 年时代的一幅肖像，正是他处于这个团体时的留影：屠格涅夫、冈察洛夫、奥斯特洛夫斯基……在别人那种自然的态度旁边，只有托尔斯泰神态严肃，他瘦削的脸庞，深凹的腮帮，僵直地交叉着的手臂，显得非常碍眼。托尔斯泰穿着军服，立在这些文学家后面，正如苏亚雷斯所写："他不像其中一员，倒像是个看守，随时准备把他们押送到监狱中去。"

可大家都恭维这初来的年轻同道。屠格涅夫亲密地向他伸着手，但托尔斯泰的犀利眼神，加上二三个会令人暴跳起来的恶毒词句，常常让屠格涅夫感到很难堪。"他永远不相信别人的真诚，一切道德情怀他觉得是虚伪的，他爱用逼人的目光逼视他所认为的骗子……"时间使托尔斯泰和其他文学团体离得更远。他不能宽恕这些艺术家一方面过着堕落的生活，一方面又宣扬什么道德。

（选自《名人传》，有删减）

（三）

在莫斯科过了一冬，1882 年 1 月列夫·托尔斯泰参加了调查人口的工作，也因此亲眼目睹了大都市的贫困状况。印象非常凄惨，他第一次看到这文明隐藏着的毒瘤。那天晚上，他向一个朋友讲述他的所见时，"他叫喊，号哭，挥动着拳头"。

"人们不能这样生活！"他号啕着说，"这绝不允许！绝不能……"几个月之久，他又堕入悲痛的绝望中……

他正面坐着，手臂交叉，穿着农夫的衣服，神气颇为颓丧。他的头发是黑的，但唇髭已经花白。他的长须与鬓毛已经全白了。双重的皱痕在美丽宽广的额角上画成和谐的线条。这巨大的犬鼻，这副直望着你的又坦白又犀利又悲哀的眼睛，含着多少温和善良啊！它们看你那么透彻。它们不过是在为你怨叹，为你可惜。眼眶下的面孔，留着痛苦的痕迹。他曾哭泣过，但他坚强，随时准备战斗。

（选自《名人传》，有删减）

（1）根据选文，填写表格。

	肖像	神态	动作	评述
（一）拜访者眼中的托尔斯泰	浓似灌木丛的眉毛，一对灰色的眼睛	黑豹似的目光	\	①
（二）周旋于文人中的托尔斯泰	②	严肃	③	憎恶文人的虚伪
（三）参加了调查人口工作的托尔斯泰	他的头发是黑的……含着多少温和善良啊！	④	叫喊、号哭、挥动	富有同情心、坚强

（2）从表现托尔斯泰性格特征的角度，赏析选文（二）中划波浪线的句子。

_____

_____

_____

_____

（3）【综合探究】通读三则选文，品读选文（一）中划横线的句子，探究为什么说托尔斯泰"缺少一样东西，那就是属于自己的那一份幸福"？

_____

_____

_____

_____

参考答案

1. 示例：1824 年 5 月 7 日，在维也纳举行《第九交响曲》的第一次演奏会，获得空前的成功。当高度耳聋的贝多芬出场时，他受到观众五次热烈的鼓掌欢迎。贝多芬在终场后感动得晕了过去。

2. 罗曼·罗兰；本书叙述了贝多芬、米开朗琪罗和列夫·托尔斯泰三位艺术家苦难、坎坷的一生，讴歌了这些心灵伟大的英雄。

3. 三人都是人类历史上极富天才而创建至伟的人物，他们的人生丰富多彩，他们的作品精深宏博，他们的影响历经世代而不衰。

4. 贝多芬备受感情煎熬，又不幸失聪。在肉体和精神的双重痛苦中，他不屈不挠，以顽强的毅力投入创作，谱写出伟大的乐章。

米开朗琪罗有丰富的内心世界，追求完美，夜以继日地工作直至生命的最后；他贫病交加，却创造了无与伦比的艺术珍品。

列夫·托尔斯泰虽一生孤独，但坚持追求真理和博爱；他热爱祖国，勇于担当，创作了多部不朽著作，成为一代文学巨匠。

5.（1）名人传；贝多芬

（2）示例：贝多芬忍受双耳失聪的痛苦，创作出不朽名作《欢乐颂》。

6. 示例一：唐三藏跋山涉水求真经；

　　示例二：一丈青胆大心细赛英豪；

　　示例三：阿廖沙千辛万苦度童年。

7. 示例：贝多芬童年不幸，却不曾破灭人生的梦想；恋人远离，却不曾消逝心中的激情；耳疾侵扰，却不曾消泯对音乐的执着。即使在最恶劣的境遇中，他也把痛苦转换为精神的欢乐。这不就是苦难带给他的人生意义吗？

　　解析：本题从扩展的角度综合考查了语言表达的多种能力。首先，要围绕中心写这一段话，中心就是第一句话；其次，要运用排比和反问的修辞手法；最后，语言要连贯、生动、鲜明，注意字数要求。

8.（1）贝多芬；罗曼·罗兰

　　（2）"扼住命运的咽喉"，以反抗苦难作为其生存方式。

9.（1）名人传；贝多芬

　　（2）①面对家庭生活的不幸、社会的排斥和双耳失聪，在生命的末日写出不朽的《欢乐颂》，成为杰出的音乐家。②他的音乐是为苦难的人们而写，他隐忍自己的痛苦，却用欢乐来安慰人们，给人们勇气和力量

　　（3）《钢铁是怎样炼成的》；尼古拉·奥斯特洛夫斯基

10. 示例：贝多芬：一生穷困潦倒，患有耳疾，不为人理解，但仍然顽强拼搏，创作了大量的音乐经典作品。

　　保尔：经历了战场上的搏杀以及无数伤痛的折磨，身体残疾，仍顽强拼搏，练就了钢铁般的意志。

　　（评分说明：贝多芬要突出耳聋但仍拼搏，保尔要突出身体残疾但仍奋斗不止。写对一人得1分，写对两人得3分；总字数

不超过80字。）

11.《骆驼祥子》——祥子三起三落，体强命苦，演绎昔日事。

《名人传》——贝多芬扼住命运的咽喉，顽强拼搏，奏响生命赞歌。

《钢铁是怎样炼成的》——保尔不畏艰难，意志坚定，成就人生传奇。

《格列佛游记》——格列佛航海探险游历奇异国，机敏博学，造就奇闻妙谈。

12. 名人传；罗曼·罗兰；示例：经历种种磨难，创造不朽的杰作。（意思对即可）

13.（1）名人传

（2）罗曼·罗兰

（3）示例：贝多芬、米开朗琪罗、列夫·托尔斯泰三位天才艺术家虽历经坎坷、苦难，但依然创造出不朽的杰作。

14. ①"猪八戒"示例：优点是能随机应变。孙悟空赌气不跟他回去救师父，他揣摩孙悟空的心理，编出黄袍怪侮辱孙悟空的话，成功激怒孙悟空去救师父。缺点是他好吃懒做，途经五庄观，听说有人参果，马上挑唆孙悟空去偷；途经平顶山，孙悟空派他去巡山，他却钻到草丛里睡大觉。

②"武松"示例：既有行侠仗义的优点，又有粗暴蛮横的缺点。他夜走蜈蚣岭，见道人霸占民女，便拔刀杀了道人，救下民女；他从蜈蚣岭下来，到了酒店，想喝酒吃肉，店家说是别的酒客的，不卖给他，他大怒，暴打店家。

③"米开朗琪罗"示例：优点是敢于挑战，意志坚强。教皇让他为教堂画天顶画，对壁画技术一窍不通的他毅然接受挑战，

克服了重重困难，最终完成了史诗般的西斯廷作品。缺点是不善合作。受命建造圣罗朗察教堂，他不善与人合作，导致工人罢工，连运石料的船也找不到，工程被迫搁浅。

（符合作品内容即可）

15. 米开朗琪罗；列夫·托尔斯泰

16. 《托尔斯泰传》叙写了列夫·托尔斯泰这位伟大作家一生痛苦与挣扎的心路历程。他出身贵族，却具有平民情怀，他的理想、追求被自己所属的阶级排斥和中伤。他期待家人的爱与理解，但是他的理想、行为又被家人怀疑和抵制。最终，他绝望至极，离家出走，孤独而死。

17. 我选甲话题。我认为"骆驼祥子"好。①点明了小说的主人公是祥子，"拉车夫"只点明了职业，忽略了骆驼和祥子之间的联系；②小说中，祥子被抓壮丁，逃走时顺手牵了三匹骆驼，卖了三十元。逃出来后在昏迷中老是叨叨"骆驼"，于是得外号"骆驼祥子"；③揭示主人公的性格：像骆驼一样吃苦耐劳、沉默憨厚。

我选甲话题。我认为"拉车夫"好。①题目直接点出了祥子的职业；②拥有一辆自己的车，是祥子一生最大的梦想；③小说自始至终围绕祥子拉车展开故事情节，以此展现旧北京劳动人民的贫苦生活。

我选乙话题。我认为"名人传"好。因为①这部书写的是贝多芬、米开朗琪罗、托尔斯泰三个人，都是世界著名人物，堪称"名人"；②如果用"巨人"，有可能让人误解为形体巨大的人，尤其是对于年龄较小的孩子来说，还会将这部写实的人物传记误认为是童话故事。

我选乙话题。我认为"巨人传"好。因为①这部书写的贝多芬、米开朗琪罗、托尔斯泰三个人都是对人类做出巨大贡献的人，在各自领域中达到了后人难以比肩的高度,用"巨人"更合适;②"名人"强调"名气大",但不一定成就大、贡献大。

18.（1）名人传;贝多芬;列夫·托尔斯泰

（2）①他们都经历了苦难和坎坷的一生;

②都有着高尚的品格和顽强的奋斗精神;

③都创造了不朽的杰作。

19.（1）①眼光入木三分，犀利，能看清真相 / 善于观察并能看透事物本质

②瘦削的脸庞，深凹的腮帮

③僵直地交叉着的手臂（穿着军服，站在后面）

④神气颇为颓丧 / 颓丧。【评分标准】能摘录出相关语句或关键词即可。

（2）划线句子中的"犀利""暴跳""恶毒""难堪"等词生动传神，勾勒出一个尖刻（严苛）、直率（坦率、率真）的托尔斯泰。

【评分标准】抓住典型词语（参考中的任意两词）进行分析，概括人物性格准确。

（3）托尔斯泰天性善良，悲天悯人。他为城市贫民的凄惨处境感到震惊而痛苦，因自己物质富有、生活优越而内疚。他的博爱精神使他不能忍受他人苦难，但没有人理解他、支持他，他在孤独中奋斗着，在理想与现实中挣扎着，所以他是痛苦的，缺少属于自己的那一份幸福。【评分标准】答题要点：①与文人格格不入的孤独;②同情大众苦难的悲悯;③无力改变现状的痛苦。

作文素材

名言警句

1. 这一年所写的《第四交响曲》，是一朵精纯的花，蕴藏着他一生比较平静的日子的香味。

赏析

这句话运用了比喻的修辞手法，把《第四交响曲》比作精纯的花，来表明他和特雷泽之间纯洁而光明的爱情给了他创作的新动力。

2. 屈服，深深地向你的运命屈服；你不复能为你自己而存在，只能为着旁人而存在；为你，只在你的艺术里才有幸福，噢，上帝！给我勇气让我征服我自己！

赏析

命运是曲折的，心路历程是辛酸的，但艺术是永恒的。

3. 我是替人类酿造醇醪的酒神。是我给人以精神上至高的狂热。

赏析

以希腊神话中的酒神自喻，让别人陶醉于他的作品中，获得精神上的启迪。

---

4. 为此，他又遭受了不少的折磨。仿佛是境遇的好意，刻意营造、增加他的苦难，让他的天才不致缺乏营养。

赏析

反语，生动地表现了命运赐给天才的不只是超乎常人的智慧，还有超乎常人的苦难。

---

5. 他的一生宛如风雨交加的一日。先是一个明澈的早晨，仅有几阵懒懒的清风。可在静默的空中，已然隐藏着一种威胁，一种沉甸甸的预感。忽然，巨大的阴影掠过，悲壮的雷

声让沉寂的天空可怕地轰鸣，狂风怒吼，这就是《第五交响曲》和《英雄交响曲》。

赏析

使用了比喻的修辞手法，把贝多芬的一生比作风雨交加的一天，形象生动。他一生曲折，却有着非凡的音乐天赋，他是个伟人，却饱受命运的折磨。但是他有着坚定的意志。

6. 诉讼的念头把米开朗琪罗吓倒了；他的良心承认他的敌人们有理，责备他自己爽约：他觉得在尚未偿还他所花去的尤利乌斯二世的钱之前，他决不能接受克雷芒七世的金钱。

赏析

在金钱的诱惑下，米开朗琪罗还是选择了守信用，表现了他的真诚与真实。

7. 人生唯有面临死亡，才能变得严肃，意义深长，真正丰富和快乐。

赏析

这句话写出了托尔斯泰对人生的认识。

技法提升

1 人物之间的对比烘托

《贝多芬传》在塑造人物时，大量地运用衬托这一艺术手法并且灵活多变：或让人物两相对照，相互衬托；或虚实结合，以实托虚；或以宾衬主，对人物进行侧面烘托；或引用信件，渲染气氛，烘托人物。不吝笔墨，大肆运用衬托手法描写人物。对比烘托是人物传记采用较多的一种表现手法，对比烘托中人物形象会更具个性更鲜明。

比如文本"艰苦的童年，不像莫扎特般享受过家庭的温情。"使用了对比手法，将贝多芬与莫扎特形成了鲜明的对比。

多次使用侧面描写，朋友的信件表现了贝多芬的才华对德国民众的重要性，对德国艺术的重要性，对整个民族的重要性。通过与他侄儿的信件往来，饱含悲愤地谴责了侄儿的虚伪，让我们看到了贝多芬的坦率与真诚。

② 生动传神的细节描写

传记作为写人的艺术，为了渲染人物个性，离不开记叙具有典型意义的事件和最能表达人物个性的细节。不写事件，传记无以表现人物；不写细节，作者无以使人物生动起来。因此，阅读传记需要特别关注细节描写，客观真实地表现人物性格特点，体现了传记史实性、真实性的特点，《贝多芬传》则是此手法的典范。

比如"他整个脸部肌肉会突然隆起，血脉膨胀，狂野的眼睛变得更加可怕，嘴唇抖动着，如同把鬼神召来却又无能为力的魔法师"，这个片段运用细节描写体现动态的面部表情。音乐灵感突然降临，激动与欣悦由心而发，无法用言语表达，只能通过面部表情体现，充分表现了贝多芬对音乐的狂热激动。言简意赅，很有表现力。

3 精用动词

动作细节描写在文章中起着重要作用，它可以使被描写的人物真实可感、栩栩如生、活灵活现、个性特征史加鲜明。

比如《米开朗琪罗传》"他睡时衣服也不脱，皮靴也不卸。有一次，腿肿起来了，他不得不割破靴子；在脱下靴子的时候，腿皮也随着剥下来了"，这句话连续使用动词，非常成功，成功的动作细节描写往往胜过千言万语空洞的表白。

4 巧用修饰语

巧用修饰语是塑造人物形象，达到典型化的重要手段。好的作品能感人肺腑，它是功不可没的。

比如《米开朗琪罗传》"这是一个裸露的青年，生成美丽的躯体，低低的额上垂覆着鬈曲的头发。昂昂地站着，他的膝盖踞曲在一个胡髭满面的囚人背上，囚人蜷伏着，头伸向前面，如一匹牛"，多个定语进行修饰，使人物形象生动立体。

5 妙用修辞

巧妙地运用修辞，即比喻、拟人、夸张、反复等修辞手法，对事物加以淡妆浓抹，能使语言增亮增色，提高文章品位，给人以美感。

　　比如《米开朗琪罗传》"他如一个穷人一样生活，被劳作束缚着好似一匹马被磨轮的轴子系住一般。没有人会懂得他如此自苦的原因。没有人能懂得他为何不能自主地使自己受苦，也没有人能懂得他的苦对于他实是一种需要"。这句话运用比喻修辞，更形象生动地凸显米开朗琪罗为生活所累的特点，使人物形象更具有感染力。

图书在版编目（CIP）数据

名人传·精解速读 /（法）罗曼·罗兰著；郑宏瑞导读. — 北京：中国国际广播出版社，2017.9
（新课标必读名著名师备考丛书 / 董一菲主编）
ISBN 978-7-5078-4062-9

Ⅰ. ①名… Ⅱ. ①罗… ②郑… Ⅲ. ①贝多芬（Beethoven, ludwing Van 1770-1827）—传记 ②米开朗琪罗（Michelangelo, Buonarroti 1475-1564）—传记 ③托尔斯泰（Tolstoy, Leo Nikolayevich 1828-1910）—传记 Ⅳ. ①K811

中国版本图书馆CIP数据核字（2017）第177105号

名人传·精解速读

著　　者	〔法〕罗曼·罗兰
导　　读	郑宏瑞
主　　编	董一菲
执行主编	张金波
策划编辑	李　卉　李芬芳
责任编辑	李芬芳
版式设计	章　剑
责任校对	徐秀英

出版发行	中国国际广播出版社〔010-83139469　010-83139489（传真）〕
社　　址	北京市西城区天宁寺前街2号北院A座一层
	邮编：100055
网　　址	www.chirp.com.cn
经　　销	新华书店
印　　刷	环球东方（北京）印务有限公司

开　　本	880×1230　1/32
字　　数	75千字
印　　张	6
版　　次	2017 年 9 月　北京第一版
印　　次	2017 年 9 月　第一次印刷
定　　价	19.90元